W0296336

Questo volume include

My ↘ Desk | Il sistema completo di e-learning

Per accedere a MyDesk vai su
www.alphatest.it/tu26902
e segui le istruzioni.

Cos'è MyDesk e cosa ti offre?

MyDesk è la piattaforma adottata in tutti i corsi di preparazione Alpha Test.

MyDesk e questo libro sono integrati, avrai a tua disposizione:

- **Simulazioni** d'esame
- **Tutorial** su test e preparazione all'esame

L'integrazione fra libro e MyDesk ti consente di potenziare lo studio, l'esercizio e la verifica della preparazione offrendoti le maggiori possibilità di successo nella selezione.

TESTUNIVERSITARI

Alpha Test
PROFESSIONI SANITARIE
Simulazioni

Alpha Test

Copyright © 1999-2023 Alpha Test S.r.l.
Viale Cassala, 22 – 20143 Milano (Italy)
Tel. 02 5845981 – fax 02 58459896
servizi@alphatest.it
www.alphatest.it

La possibilità per l'utente di accedere a MyDesk abbinato al volume e di ricevere assistenza informatica da Alpha Test cessa due anni dopo la data di attivazione o, se viene prima, un anno dopo l'uscita dell'edizione dal catalogo editoriale di Alpha Test.

Tutti i diritti sono riservati a norma di legge e a norma delle convenzioni internazionali.

Le fotocopie per uso personale del lettore possono essere effettuate nei limiti del 15% del volume dietro pagamento alla SIAE del compenso previsto dall'art. 68, commi 4 e 5, della legge 22 aprile 1941 n. 633.

Eventuali fotocopie o scansioni digitali di tutto o parte del libro per qualsiasi utilizzo diverso da quello personale, per esempio divulgativo, professionale, didattico o di altra natura, a qualunque titolo effettuato, devono preventivamente essere autorizzate in forma scritta da Alpha Test S.r.l.

Gli autori e l'editore hanno posto la massima cura e attenzione nel verificare l'aggiornamento e la precisione delle informazioni e la correttezza degli esercizi e delle nozioni riportati in questo libro.

Gli autori e l'editore declinano comunque ogni responsabilità per inesattezze o errori di stampa che dovessero essere ancora presenti nel libro e non rispondono per eventuali danni derivanti dall'uso dei dati in esso contenuti.

ISBN: 9788848326902

Quattordicesima edizione: novembre 2023
Prima edizione: maggio 1999

Stampato da Grafica Veneta S.p.A., Trebaseleghe (PD)
per conto di Alpha Test S.r.l.
nel novembre 2023

Indice

Prefazione

Per gli studenti italiani (ma anche stranieri che vogliono studiare in Italia) l'iscrizione all'università è ormai da parecchi anni subordinata al superamento di una prova di **selezione** (o talvolta di valutazione), che ha lo scopo di verificare se e in quale misura le aspiranti matricole abbiano la potenzialità di frequentare con profitto il corso di laurea prescelto.

Attualmente, in Italia – sia nelle più importanti università private sia negli atenei statali – quasi tutti i corsi di laurea magistrale a ciclo unico (Medicina e Chirurgia, Odontoiatria e Protesi dentaria, Medicina Veterinaria, Scienze della Formazione primaria, Farmacia, Architettura, Giurisprudenza ecc.) e molti corsi di laurea triennale (in particolari quelli per le **Professioni sanitarie**) sono caratterizzati dalla presenza del **numero programmato** a livello nazionale o locale. Il numero di iscritti al primo anno di questi corsi non può quindi superare il limite di posti stabilito dal ministero dell'Università e della Ricerca o dai singoli atenei.

La selezione tra i candidati che desiderano accedere a un corso universitario a numero programmato viene effettuata quasi ovunque mediante una **prova a test**, composta da domande a risposta multipla: si valutano in tal modo le conoscenze e le attitudini degli studenti. Il test viene predisposto, a seconda dei casi, o su indicazioni e incarico del MUR (come, per esempio, per le prove nazionali di accesso ai corsi di Medicina/Odontoiatria e Veterinaria) o dalle singole università o da consorzi interuniversitari (quali CISIA o CINECA). Il risultato ottenuto nel test determina il **punteggio** con cui lo studente entra nella **graduatoria dei candidati**; è sulla base di questa graduatoria che vengono infine attribuiti i posti disponibili.

Solo in pochi corsi a numero chiuso locale, contribuiscono a definire la posizione nella graduatoria finale anche i voti conseguiti negli ultimi anni di scuola superiore o il voto dell'Esame di Stato, ma con peso minore (se non minimo) rispetto al punteggio del test.

La normativa attuale impone ormai che – anche per i corsi di laurea ad accesso libero – siano attivate in ingresso **prove valutative** e/o di **orientamento**, di solito a test; lo scopo di tali prove è rilevare se la preparazione iniziale dello studente corrisponde a quella ritenuta necessaria per frequentare con successo un dato corso (talvolta essa viene indicata con la formula "saperi minimi"). La valutazione non ha lo scopo di precludere l'iscrizione ma, in caso di mancato raggiungimento della soglia stabilita, attribuisce alcuni **obblighi formativi aggiuntivi** (OFA) che la matricola dovrà assolvere entro il primo semestre o il primo anno di corso, dimostrando di aver colmato le lacune evidenziate. In taluni casi, gli OFA vanno saldati prima di potere affrontare gli esami del primo anno di corso. Può darsi il caso che lo studente – prendendo atto di un esito insufficiente della prova – decida spontaneamente di rivedere la propria scelta di studi.

Dunque, anche chi intende frequentare un corso universitario ad accesso libero deve affrontare una prova prima dell'immatricolazione; ciò impone agli studenti seriamente motivati di prepararsi in modo adeguato per iniziare senza debiti formativi il proprio percorso di studio.

Alpha Test è la più importante organizzazione in Italia che, per prima e da oltre 30 anni, offre agli studenti strumenti e percorsi specifici per affrontare con successo i diversi test di valutazione o di selezione. A questo scopo pubblica la **collana TestUniversitari**, composta da oltre ottanta tra manuali ed eserciziari, differenziati per ogni area di studio (informazioni su alphatest.it/Libri-Alpha-Test).

In particolare, questo libro è rivolto alla preparazione ai test di ammissione ai **corsi triennali** dell'**area sanitaria**, a cui sono collegati ben **22 profili professionali**. Si tratta nello specifico delle classi di laurea in:

- **Professioni sanitarie infermieristiche e Professione sanitaria ostetrica** (L/SNT1), per i profili di *infermiere, infermiere pediatrico, ostetrica/o*;
- **Professioni sanitarie della riabilitazione** (L/SNT2), per i profili di *educatore professionale sanitario, fisioterapista, logopedista, ortottista e assistente di oftalmologia, podologo, tecnico della riabilitazione psichiatrica, terapista della neuro e psicomotricità dell'età evolutiva, terapista occupazionale*;
- **Professioni sanitarie tecniche** (L/SNT3), per i profili di *dietista, igienista dentale, tecnico audiometrista, tecnico audioprotesista, tecnico della fisiopatologia cardiocircolatoria e perfusione cardiovascolare, tecnico sanitario di laboratorio biomedico, tecnico della neurofisiopatologia, tecnico sanitario di radiologia medica, tecnico ortopedico*;
- **Professioni sanitarie della prevenzione** (L/SNT4), per i profili di *assistente sanitario, tecnico della prevenzione nei luoghi di lavoro.*

Questo volume è dunque **valido per tutti i corsi di laurea triennale delle Professioni sanitarie** di tutti gli atenei statali e per i tutti i profili. Infatti materie, programmi e composizione della prova di ammissione sono i medesimi: il MUR li indica, ogni anno, attraverso apposito decreto.

L'acquisto di un volume della collana TestUniversitari consente di accedere a **MyDesk**, l'esclusiva piattaforma online sviluppata da Alpha Test, con materiali di studio aggiuntivi (videolezioni, tutorial dei docenti, informazioni aggiornate ecc.) e un avanzato **sistema di simulazione** per svolgere esercitazioni per materia o prove simulate secondo tempi e modalità dell'esame ufficiale.

Per **accedere a MyDesk** è sufficiente seguire le istruzioni che si trovano nella seconda pagina di questo volume.

Alpha Test – attiva su tutto il territorio nazionale, con sedi nelle principali città universitarie – si avvale della collaborazione di un corpo docente di grande esperienza, organizzando **corsi specifici di preparazione** di diversa durata, in presenza oppure online (tutte le informazioni su alphatest.it/Corsi).
Un altro utile strumento per gli studenti è **Alpha Test Academy**: una piattaforma online di assistenza personalizzata allo studio, che guida lo studente in un programma graduale di esercitazioni, fino al raggiungimento di una completa preparazione al test.

Ringraziamenti
Per i preziosi contributi alla realizzazione di questo volume, Alpha Test desidera ringraziare il suo corpo docente e in particolare Riccardo Avigo, Veronica Facchin, Massimo Mannitti.
Alpha Test ringrazia inoltre i numerosi lettori, i partecipanti ai corsi e i collaboratori che, con i loro interventi, suggerimenti e in particolare con i giudizi ogni anno forniti al termine dei corsi, hanno contribuito a migliorare nel tempo la qualità dei volumi e dei servizi offerti.

Natura del test e caratteristiche di questo libro

NATURA DEL TEST

Le **prove di selezione** per i corsi delle Professioni sanitarie, che i lettori di questo volume si preparano ad affrontare, sono regolate direttamente dal ministero dell'Università e della Ricerca (MUR). In base al fabbisogno di professionisti previsto dalla conferenza Stato-Regioni e in accordo con il ministero della Salute, il MUR ogni anno stabilisce – per ciascuno dei profili delle quattro classi di laurea triennale del settore – il **numero di posti a bando** sul territorio nazionale e li ripartisce tra tutti gli atenei (statali e privati), in proporzione anche alle disponibilità comunicate da ogni sede universitaria.

- Per quanto riguarda le università statali, il MUR stabilisce con decreto anche le **discipline** oggetto delle prove di selezione, i **programmi** di esame, il **numero di domande** sia totali sia per ambito, e una **data unica di svolgimento** del test. Infatti i candidati possono iscriversi alla prova in una sola università statale e **concorrere per quella sola sede**, indicando tre preferenze tra i corsi di laurea delle Professioni sanitarie lì attivi.

  La redazione dei questionari e la somministrazione delle prove sono responsabilità dei singoli atenei, nel rispetto delle indicazioni ministeriali. La **graduatoria risultante** perciò è **locale.** I vincitori si immatricolano nella sede dove hanno svolto la prova, in base al punteggio e alle preferenze espresse tra i corsi delle lauree sanitarie lì presenti.
- Nel caso invece delle università private, le prove sono gestite liberamente dai singoli atenei, che ne definiscono con apposito bando le caratteristiche (argomenti della prova, numero dei quesiti, criteri di valutazione ecc.) e la data di svolgimento. L'unico vincolo per ogni sede è quello dei posti a bando, che devono essere pari al numero assegnato dal MUR.

PROVE DELLE UNIVERSITÀ STATALI

Ogni anno il MUR pubblica – almeno 60 giorni prima della data prevista per lo svolgimento del test – il decreto con il quale definisce le modalità e i contenuti delle prove di ammissione ai corsi di laurea delle Professioni sanitarie, con numero programmato a livello nazionale.

Il candidato si iscrive alla prova nell'università che intende frequentare e contestualmente all'iscrizione indica anche le sue tre preferenze tra i corsi presenti. La prova si svolge in **data unica** per tutti gli atenei, **in presenza** e su supporto **cartaceo** ed è la medesima, in ogni sede, per tutti i profili delle Professioni sanitarie.

Il test dell'anno accademico 2023/2024 per l'accesso ai corsi universitari triennali dell'area sanitaria era composto da **60 quesiti a risposta multipla** con **5 alternative** di cui una sola esatta. Le discipline oggetto del test sono state:

- competenze di lettura e conoscenze acquisite negli studi **4** quesiti
- ragionamento logico e problemi **5** quesiti
- biologia **23** quesiti
- chimica **15** quesiti
- fisica e matematica **13** quesiti

Il **tempo massimo di svolgimento** concesso è stato di **100 minuti**, per una media di **100 secondi** disponibili per rispondere a un quesito. Nella correzione delle prove sono stati assegnati **1,5** punti per ogni risposta esatta, una penalità di **–0,4** punti per ogni risposta errata e **0** punti per ogni risposta omessa. Il punteggio massimo teorico era quindi pari a **90 punti**.

In base al punteggio ottenuto nelle rispettive graduatorie, il candidato potrà accedere alla prima delle sue tre scelte o alle successive.

Nel rispetto delle indicazioni ministeriali, ogni ateneo è autonomo quanto alla redazione della prova. Diversi atenei (oltre una ventina), tuttavia, si valgono del test approntato appositamente ogni anno dal consorzio interuniversitario **CINECA**. Anche per le università che condividono la medesima prova, la **graduatoria** resta **locale**.

Già a partire dall'a.a. 2023/2024, il MUR ha varato una significativa riforma nelle modalità di selezione per i corsi di laurea magistrale a ciclo unico in Medicina, Odontoiatria e Veterinaria (introducendo i TOLC-MED e VET). Non sono invece previste modifiche al sistema utilizzato per l'accesso ai corsi di laurea triennali delle Professioni sanitarie.

Si consiglia di tenersi sempre aggiornati riguardo alle **informazioni sul test** del prossimo anno accademico seguendo le notizie sul sito **alphatest.it** e scaricando il relativo decreto.

Test di accesso a *Nursing* (Infermieristica in inglese) nelle università statali

È attivo in alcuni atenei statali il corso di laurea in *Nursing*, corrispondente a quello in italiano di Infermieristica. Per l'a.a. 2023/2024 hanno messo a bando posti per i corsi in lingua inglese le Università degli Studi **Vanvitelli di Napoli** (10 posti), di **Palermo** (35 posti) e **Sapienza di Roma** (17 posti).

Per materie, programmi, numero e ripartizione dei quesiti la prova per l'accesso ai corsi di *Nursing* ha le medesime caratteristiche di quella per i corsi in italiano. Differisce naturalmente per il fatto di essere espressa in lingua inglese.

Ogni ateneo predispone in autonomia il proprio test selettivo, che si svolge in **data unica** per tutte le sedi universitarie interessate ma in un giorno diverso dalla data della prova in italiano; la **graduatoria** è **locale**, valida solo per la sede in cui il candidato ha svolto il test.

PROVE DELLE UNIVERSITÀ PRIVATE

Gli **atenei privati** hanno la facoltà di decidere in totale autonomia sia il contenuto del test (materie, numero di quesiti per ciascun argomento ecc.) sia la data di somministrazione della prova. Anche per loro, invece, il **numero di posti** da mettere a **bando** ogni anno per le immatricolazioni è stabilito dalla programmazione ministeriale.

Di seguito si riporta quanto avvenuto nelle prove di accesso per l'anno accademico 2023/2024 nei principali atenei privati. Si raccomanda al lettore di verificare, sui **bandi dell'anno accademico di proprio interesse**, eventuali modifiche e novità. Si possono reperire le informazioni aggiornate sui siti degli atenei e sul sito **alphatest.it**, alla pagina dedicata ai bandi di concorso e ai decreti ministeriali.

Università Cattolica del Sacro Cuore

Per l'anno accademico 2023/2024, nelle varie sedi in diverse città d'Italia sono stati messi a bando posti per i corsi di laurea in **Infermieristica** (496), **Ostetricia** (50), **Fisioterapia** (110), **Logopedia** (30), **Terapia della neuro e psicomotricità dell'età evolutiva** (16), **Ortottica e assistenza oftalmologica** (10), **Dietistica** (20), **Tecniche audioprotesiche** (20), **Tecniche di radiologia medica per immagini e radioterapia** (60). **Igiene dentale** (20), **Tecniche di laboratorio biomedico**(50), **Tecniche della prevenzione nell'ambiente e nei luoghi di lavoro** (10).

Nell'ultima selezione, la prova scritta si è svolta a computer, era composta da **60 quesiti** a risposta multipla, da svolgere nel tempo complessivo di **60 minuti**, e così strutturata:

- **25** quesiti di **ragionamento logico** e **logico-matematico**;
- 15 quesiti di **cultura scientifica**, su materie scientifiche: **biologia** (5 quesiti), **chimica** (5 quesiti), **fisica** (5 quesiti), sulla base dei programmi ministeriali della scuola secondaria di secondo grado;
- 5 quesiti di **cultura generale**;
- 10 quesiti conoscenza delle **lingua inglese**;
- 5 quesiti di **cultura etico-religiosa**.

Al termine del test, ogni candidato ha poi risposto a ulteriori 8 quesiti (in 8 minuti), uno per materia. Si tratta di quesiti "di riserva", da valutare solo se uno o più quesiti della prova svolta dal candidato risultasse non ammissibile. In tal caso, ogni quesito espunto può essere sostituito da un quesito di riserva.

 © Alpha Test

Il massimo punteggio teorico realizzabile era pari **60 punti**, applicando i seguenti criteri:

- 1 punto per ogni risposta esatta;
- −0,25 punti per ogni risposta sbagliata;
- 0 punti per ogni risposta omessa.

In caso di parità tra candidati ha prevalso, in ordine decrescente, il risultato nei quesiti di ragionamento logico e logico-matematico, poi della sezione scientifica (biologia, chimica e fisica), poi di lingua inglese, cultura generale e cultura religiosa. In caso di ulteriore parità ha prevalso lo studente anagraficamente più giovane.

Anche tra gli ammessi, in caso di punteggi inferiori a una certa soglia in alcune discipline sono stati assegnati degli OFA da colmare entro il primo anno di corso.

La prova di ammissione si svolge dal domicilio (*home based*), iscrivendosi a una delle diverse sessioni predisposte. È importante verificare sul bando quali siano i requisiti informatici necessari per poter svolgere il test da remoto e le procedure da seguire per la videosorveglianza durante il test.

Libera Università Vita e Salute San Raffaele

Per i corsi di laurea in *Infermieristica* (posti disponibili 140), *Fisioterapia* (posti disponibili 40), *Igiene dentale* (posti disponibili 40) e *Ostetricia* (posti disponibili 30) la prova di ammissione per l'anno accademico 2023-2024 si è svolta a computer ed era composta da **60 domande** così ripartite:

- 36 domande di **logica** e **problem solving** e **comprensione di un testo**;
- 24 domande di **carattere scientifico** (biologia, chimica, matematica e fisica).

Il 10% delle domande era formulato in inglese. Il tempo complessivo a disposizione per risolvere i quesiti è stato di **60 minuti**.

Al termine del test, ogni candidato ha poi risposto a ulteriori 7 quesiti (in 7 minuti). Si tratta di quesiti "di riserva", da valutare solo se uno o più quesiti della prova svolta dal candidato risultasse non ammissibile. In tal caso, ogni quesito espunto può essere sostituito da un quesito di riserva.

Il massimo punteggio teorico realizzabile era pari **60 punti**, applicando i seguenti criteri:

- 1 punto per ogni risposta esatta;
- −0,25 punti per ogni risposta sbagliata;
- 0 punti per ogni risposta omessa.

In caso di parità tra candidati, ha prevalso, in ordine decrescente, il risultato nei quesiti di logica e problem solving, poi di comprensione del testo, e a seguire di biologia, chimica, matematica, fisica. In caso di ulteriore parità ha prevalso lo studente anagraficamente più giovane.

Anche tra gli ammessi, in caso di punteggi inferiori a una certa soglia in alcune discipline sono stati previsti OFA da colmare entro il primo anno di corso.

La prova di ammissione si svolge dal domicilio (*home based*), iscrivendosi a una delle diverse date predisposte. La sessione primaverile (di solito in marzo) assegna la più parte dei posti. I posti non attribuiti o lasciati liberi da rinunce sono rimessi a selezione con una seconda sessione a settembre. È importante verificare sul bando quali siano i requisiti informatici necessari per poter svolgere il test da remoto e le procedure da seguire per la videosorveglianza durante il test.

Libera Università Campus Bio-Medico

La selezione per l'accesso ai corsi di laurea triennali in *Infermieristica* (88 posti disponibili), *Tecniche di radiologia medica per immagini e radioterapia* (45 posti disponibili) e *Fisioterapia* (65 posti disponibili) per l'anno accademico 2023/2024 ha previsto **più sessioni**: per Infermieristica ad aprile e, per posti residui, settembre e ottobre; per gli altri corsi a settembre e per posti residui a ottobre.

Nella sessione anticipata di aprile di Infermieristica la prova si è svolta in modalità *computer based* e da remoto. Nelle altre sessioni le prove sono state in presenza con test cartaceo.

Il test, da svolgere in un tempo massimo di **100 minuti**, era composto da **80 domande** a risposta multipla con cinque alternative di cui solo una esatta, così ripartite: **logica** (50 quesiti), **biologia** (10 quesiti), **chimica** (10 quesiti), **fisica** e **matematica** (10 quesiti).

Il punteggio massimo teorico di 80 punti, è stato attribuito con questi criteri:
- 1 punto per ogni risposta esatta;
- −0,1 punti per ogni risposta sbagliata;
- 0 punti per ogni risposta omessa.

Il punteggio minimo per l'idoneità era di 10 punti. In caso di parità tra candidati ha prevalso, in ordine decrescente, il risultato nei quesiti di logica, poi di biologia, chimica, matematica, fisica. Con ulteriore parità ha prevalso lo studente all'anagrafe più giovane.

Dopo l'immatricolazione è prevista un'ulteriore prova di verifica delle conoscenze, per **eventuali OFA**:
- per Infermieristica, 10 quesiti di matematica e 10 di chimica (OFA dopo 4 errori per gruppo);
- per gli altri corsi, 10 quesiti di matematica e fisica e 10 di chimica (OFA dopo 4 errori per gruppo).

Humanitas International Medical School

Presso l'ateneo di Pieve Emanuele (MI) erano disponibili, per l'anno accademico 2023/2024, posti per i corsi di laurea in *Infermieristica* (215, in diverse sedi), *Fisioterapia* (50 posti), *Tecniche di laboratorio biomedico* (25), *Tecniche di radiologia medica per immagini e radioterapia* (25). L'ammissione ai corsi era stabilita sulla base di una graduatoria di merito determinata dall'esito di una prova scritta formulata in italiano. La prova di ammissione si è svolta in modalità *computer based* e da remoto.

Il test, da svolgersi in un tempo massimo di **120 minuti**, comprendeva **100 quesiti** a risposta multipla con cinque alternative, di cui una sola esatta, ripartiti tra: **ragionamento logico** (40), **chimica** (20) e di **matematica** e **fisica** (20), **biologia** (20).

Al termine del test, ogni candidato ha poi risposto a ulteriori 5 quesiti (in 6 minuti). Si tratta di quesiti "di riserva", da valutare solo se uno o più quesiti della prova svolta dal candidato risultasse non ammissibile. In tal caso, ogni quesito espunto può essere sostituito da un quesito di riserva.

Per la valutazione del test e la formazione delle graduatorie sono stati applicati i seguenti criteri:
- 1,5 punti per ogni risposta corretta;
- −0,4 punti per ogni risposta sbagliata;
- 0 punti per ogni risposta non data.

Il punteggio massimo teorico conseguibile era dunque 150 punti. In caso di parità tra candidati ha prevalso, in ordine decrescente, il risultato nei quesiti di ragionamento logico, poi di chimica, matematica e fisica, biologia. Con ulteriore parità ha prevalso lo studente all'anagrafe più giovane.

È importante verificare sul bando quali siano i requisiti informatici necessari per poter svolgere il test da remoto e le procedure da seguire per la videosorveglianza durante il test.

UniCamillus – Saint Camillus International University of Health Sciences

L'ateneo privato ha attivato per l'a.a. 2023/2024 cinque corsi di laurea delle Professioni sanitarie: *Ostetricia*, in lingua italiana (15 posti); *Tecniche di laboratorio biomedico*, in lingua italiana (15 posti); *Infermieristica*, in lingua inglese (80 posti); Fisioterapia, in lingua inglese (15 posti), *Tecniche di radiologia medica, per immagini e radioterapia*, in lingua inglese (10 posti).

La prova di ammissione si è svolta in modalità *computer based* e da remoto, in due date diverse per i corsi in lingua inglese e quelli in lingua italiana.

Il test, redatto rispettivamente in inglese o in italiano, era da concludere nel tempo massimo di **60 minuti**, si componeva di **60 quesiti** a risposta multipla con cinque alterative, ripartiti tra: **ragionamento logico** (20), **cultura generale** (5), **biologia** (10), **chimica** (10), **fisica** (10), **matematica** (5).

Per la formazione delle graduatorie sono stati applicati i seguenti criteri:
- 1,5 punti per ogni risposta corretta;
- −0,4 punti per ogni risposta sbagliata;
- 0 punti per ogni risposta non data.

Il punteggio massimo teorico conseguibile era di 60 punti. In caso di parità tra candidati ha prevalso il risultato nei quesiti di cultura generale; in caso di ulteriore parità lo studente all'anagrafe più giovane.

È importante verificare sul bando quali siano i requisiti informatici necessari per poter svolgere il test da remoto e le procedure da seguire per la videosorveglianza durante il test.

CARATTERISTICHE DI QUESTO LIBRO

Questo volume si compone di **dieci prove simulate** che il lettore può svolgere allo scopo di verificare la propria preparazione. Queste prove possono essere utili anche nelle fasi iniziali, come test di ingresso (per rendersi conto del livello iniziale delle conoscenze), ma vanno utilizzate soprattutto come momento finale del percorso di studio, per valutare la propria condizione e individuare eventuali lacune residue o argomenti da rivedere.

Per assolvere al meglio a questo scopo, le dieci simulazioni presentate nelle pagine seguenti sono per questo **modellate sulle specifiche ufficiali**, come stabilite dal MUR per l'ultimo test di ammissione svolto. In particolare:

- le tipologie di esercizi corrispondono a quelle più diffuse nei test in esame;
- il grado di difficoltà medio è paragonabile a quello dei quesiti che compongono le prove ufficiali adottate dalle università.

Le prove così ottenute contengono perciò **60 quesiti a risposta multipla** con **5 alternative** di cui una sola esatta.

In ogni prova, i quesiti numerati da 1 a 4 riguardano le competenze di lettura e le conoscenze acquisite negli studi; da 5 a 9 sono i quesiti di ragionamento e problemi logici; da 10 a 32 sono le domande di biologia; da 33 a 47 di chimica; da 48 a 60 di matematica e fisica.

Il tempo a disposizione è di **100 minuti**, cioè un tempo medio per quesito di 100 secondi. Si consiglia però di svolgere ciascuna prova in non più di **90 minuti** (pari a un tempo medio per quesito di 90 secondi): abituarsi a una maggiore velocità di esecuzione aiuterà infatti a compensare l'eventuale ansia che potrebbe rallentare il candidato nel giorno del test. Questa modalità permette infatti non solo di testare la preparazione raggiunto, ma anche di sperimentare la difficoltà e l'impegno necessari a risolvere per intero un questionario, rispettando le regole di svolgimento del test ufficiale. Naturalmente non si possono utilizzare sussidi di nessun tipo (dizionario, calcolatrice, smartphone ecc.).

Nel caso invece il lettore si voglia esercitare solo su una parte della prova, il tempo totale a disposizione deve essere calcolato assegnando 90 secondi a ciascuna domanda.

Ogni prova simulata è corredata da **due schede per le risposte**: sulla *scheda vergine* (riportata all'inizio della prova) il lettore deve indicare l'alternativa scelta per ogni quesito; la *scheda delle risposte esatte* (riportata al termine della prova) indica la soluzione di tutti i quesiti. Una volta completata la prova (**e solo allora**) il lettore può confrontare le risposte che ha segnato sulla scheda vergine con quelle indicate sulla scheda già compilata.

Per la **valutazione** del risultato, si applica il seguente criterio:

- 1,5 punti per ogni risposta esatta;
- −0,4 punti per ogni risposta errata;
- 0 punti per ogni quesito lasciato irrisolto.

Tale sistema di valutazione è infatti il utilizzato nella correzione dei test a cui il libro si rivolge.

Raccomandiamo al lettore di non considerare il punteggio conseguito in queste simulazioni come un indice di probabilità di essere o meno ammesso al corso o alla sede che ha prescelto. Infatti, le probabilità di ammissione dipendono non solo dalla performance individuale ma dal rapporto tra numero di candidati e posti disponibili e dal punteggio realizzato dagli altri candidati.

È più costruttivo dunque considerare il risultato di queste simulazioni come un indicatore del livello di preparazione, lavorando sulle eventuali difficoltà emerse (lacune in una disciplina o su argomenti dei programmi, eccessiva lentezza nella soluzione dei quesiti, difficoltà nella gestione del tempo complessivo e del tempo medio ecc.) per migliorare la propria performance.

Gli strumenti di Alpha Test per prepararsi al test di ingresso

Il **primo passo** in ogni percorso di preparazione consiste nel procurarsi tutte le informazioni disponibili sul test che si vuole affrontare, cominciando dai contenuti delle sue precedenti edizioni. Le fonti più autorevoli e complete sono il **sito del ministero dell'Università e della Ricerca** (MUR), i **siti degli atenei** di proprio interesse e il sito **alphatest.it**. Sul sito del MUR gli studenti possono trovare tutta la normativa in materia, invece sui siti delle singole università e di Alpha Test vengono pubblicati i bandi per i diversi concorsi di ammissione, che integrano le indicazioni del Ministero con le specifiche proprie di ciascuna sede.

Su **alphatest.it** viene costantemente aggiornato il calendario con le date di svolgimento delle prove a test nonché pubblicata la normativa sulle prove di ingresso; si possono inoltre scaricare, quando siano resi pubblici, i test ufficiali degli anni precedenti risolti e commentati, o reperire dati e approfondimenti relativi ai diversi corsi di laurea.

Sempre su **alphatest.it** è possibile autovalutare il proprio livello di preparazione. Il test diagnostico gratuito prevede domande rappresentative del test; il suo scopo è aiutare il candidato a individuare le eventuali debolezze e impostare al meglio il percorso di studio.

Anche i canali social Alpha Test (Instagram, Tik Tok, Youtube) informano tempestivamente su tutte le novità riguardanti sia i test sia le iniziative del Ministero o degli atenei.

Sul **magazine on line** di Alpha Test (**http://magazine.alphatest.it**) si possono consultare articoli e approfondimenti aggiornati in tema di ammissione all'università, metodi e strumenti di studio, orientamento universitario e bandi di concorso.

Il metodo Alpha Test: libri con MyDesk, Alpha Test Academy, corsi di preparazione

Il **passo successivo**, necessario per conseguire una adeguata preparazione, è lo **studio individuale** da effettuare sui libri. Allo scopo, Alpha Test ha realizzato una serie di libri e di strumenti digitali dedicati a chi deve affrontare i test di ammissione ai corsi delle Professioni sanitarie. I testi principali sono il MANUALE DI PREPARAZIONE, la raccolta di quesiti suddivisi per materia ESERCIZI COMMENTATI, le prove di verifica SIMULAZIONI e il volume 7300 QUIZ.

Ognuno di questi libri consente l'accesso a **MyDesk**, l'esclusivo ambiente di formazione online creato da Alpha Test, con contenuti e strumenti aggiuntivi a disposizione del lettore (nella seconda pagina di ogni volume, si trovano le indicazioni per accedere alla specifica area di MyDesk). Infine, è possibile sfruttare anche un'ulteriore risorsa digitale: AlphaTestAcademy.

Ai fini dello studio, ciascuno dei quattro volumi è autosufficiente ma, allo stesso tempo, complementare agli altri. Ecco in breve le caratteristiche di ciascuno.

- **Manuale di preparazione**: è il principale strumento di studio. Raccoglie la sintesi di tutti gli argomenti previsti nei programmi ufficiali del test, materia per materia. È un valido aiuto a non disperdere gli sforzi di fronte alla vastità dei programmi da svolgere, perché consente lo **studio** e il **ripasso** mirato. L'esposizione degli argomenti è resa più efficace e completa grazie a immagini, schemi, tabelle, glossari, mentre l'apprendimento è facilitato e consolidato grazie ai numerosi esercizi di esempio (sempre nella forma a risposta multipla), risolti e commentati.

  Lo spazio **MyDesk** del MANUALE propone videolezioni su argomenti di matematica, tutorial sullo svolgimento dei test, sintesi, formulari e ulteriori materiali di studio. Nel libro, un'apposita icona – visibile sul margine della pagina – segnala la presenza di contenuti aggiuntivi su **MyDesk**.

- **Esercizi commentati**: questo libro rappresenta un ulteriore supporto nella fase intermedia dello studio. Si tratta di un volume di esercitazioni guidate, con centinaia di quesiti, suddivisi tra le materie oggetto d'esame. Lo studente può svolgere ogni quesito in autonomia per poi verificare la soluzione nel relativo commento, dove troverà richiamate le nozioni teoriche necessarie e i metodi risolutivi più efficaci. In tal modo, il lettore può sia **esercitarsi** sia **accrescere la preparazione.**

  Nello spazio **MyDesk** dell'ESERCIZIARIO, è possibile accedere a un **simulatore online** per svolgere esercitazioni per materia, combinando i quesiti a disposizione di una stessa disciplina, o per comporre prove simulate secondo le modalità e i tempi dell'esame ufficiale.

- **Simulazioni**: è uno strumento agile ed efficace, consigliato nella **fase finale** del percorso di preparazione. Consente di valutare i propri risultati nella soluzione di prove strutturate, monitorare la preparazione raggiunta e intervenire su materie o aree in cui si rilevano incertezze o lacune. Contiene 10 test completi, composti anche con domande ufficiali dei concorsi degli ultimi anni, in forma di **prove simulate**, accompagnate da indicazioni pratiche (tempo a disposizione, criteri di calcolo del punteggio ecc.) che consentono di risolverle e valutarle nei modi dell'esame ufficiale.

  Nello spazio **MyDesk** correlato, è possibile svolgere online le prove contenute nel volume e confrontare così il proprio risultato con quello degli altri lettori. Sono inoltre disponibili alcune prove aggiuntive.

- **7300 quiz – I quesiti delle prove di ammissione**: è una imponente banca dati di quesiti, aggregati per consentire un allenamento intensivo nelle discipline oggetto del test. Gli esercizi sono suddivisi per materia (2000 di biologia, 1600 di chimica, 1200 di matematica e fisica, 1400 di ragionamento logico e problemi, 1000 di competenze di lettura e conoscenze acquisite negli studi). Alla fine di ogni sezione è riportata una tabella con le soluzioni di tutti i quesiti. Questo volume può essere utilizzato o in parallelo allo studio del MANUALE, o con le stesse finalità delle SIMULAZIONI.

  Anche lo spazio **MyDesk** del quizzario permette l'uso di un **simulatore online**, per svolgere esercitazioni mirate sulle singole discipline e comporre numerose prove simulate da svolgere secondo le modalità e i tempi dell'esame ufficiale.

Alpha Test Academy

È un ambiente di studio online, **personalizzato** e **assistito**, che si aggiunge ai libri e a MyDesk. Per ciascuna delle materie e degli argomenti previsti nelle prove di ammissione, AlphaTestAcademy accompagna lo studente a migliorare le proprie conoscenze, proponendogli in modo **adattivo** batterie di domande a difficoltà graduale e differenziata; ogni domanda è corredata da spiegazioni o da commenti multimediali (link, videotutorial), con specifici richiami di teoria. Il materiale e l'assistenza offerti da AlphaTestAcademy consentono di chiarire lungo il percorso ogni quesito e dubbio individuale, migliorando e consolidando progressivamente conoscenze e capacità in vista del test ufficiale.

L'abbonamento alla piattaforma è in dotazione ai partecipanti ai corsi Alpha Test e viene abilitato al momento dell'iscrizione.

Corsi: studiare con i docenti Alpha Test può fare la differenza

Per superare le selezioni in ingresso al corso di laurea desiderato, lo studio individuale sui libri e con gli strumenti digitali appena descritti è un momento ineliminabile. Riuscire a studiare con efficacia in autonomia non è immediato; talvolta richiede una certa formazione di partenza, sempre un buon metodo di studio e la capacità di organizzare il proprio tempo in modo efficiente. Trovarsi in queste condizioni non è scontato, specialmente nel caso in cui la preparazione al test si svolga durante gli ultimi due anni di scuola superiore, e vada quindi coordinata con gli impegni scolastici.

Proprio per sostenere la complessità dello studio, Alpha Test offre agli studenti numerosi **corsi**, che si svolgono **on line** oppure **in aula**, con durata differenziata (da pochi giorni di lezione ad alcuni mesi). Alcune particolari caratteristiche rendono i corsi di Alpha Test l'ambiente ideale per costruirsi una preparazione ottimale, opportunamente guidata e aggiornata ai programmi e alle novità dei test.

1. **I docenti Alpha Test.** I docenti che insegnano nei corsi Alpha Test sono tutti laureati e hanno maturato un'esperienza specifica nell'insegnamento della materia di cui sono titolari. La padronanza completa della propria disciplina è infatti un requisito irrinunciabile per entrare nel team didattico, insieme alla passione per questo lavoro e alla dedizione verso gli studenti. I docenti sanno quali sono gli argomenti che occorre approfondire per il test, quali competenze specifiche devono essere attivate per questo tipo di prova e guidano ogni studente nello studio, qualunque sia il suo livello di preparazione iniziale.
2. **Come si studia nei corsi Alpha Test.** Ogni aspetto del percorso di preparazione è determinato da un metodo didattico solido e verificato. Chi partecipa a un corso Alpha Test è spinto ad acquisire, o affinare, la capacità di studiare con logica e programmazione. È soprattutto grazie a questo, più che a non sempre affidabili "trucchi", che imparerà a non farsi confondere da domande difficili, insolite o inaspettate. Nei corsi gli argomenti sono contestualmente oggetto di spiegazioni, di esercitazioni guidate e, infine, inseriti in simulazioni del test ufficiale, che diventano più frequenti con l'avvicinarsi della sessione d'esame. I docenti insegnano come gestire il tempo durante lo svolgimento della prova e come utilizzarlo al meglio con "tecniche di risoluzione" che eliminano ridondanze e passaggi inutili, scegliendo i procedimenti più veloci e adeguati al tipo di quesito. Chi frequenta con costanza un corso Alpha Test vedrà maturare il proprio metodo di studio e crescere le proprie conoscenze, guadagnando sicurezza e limitando lo "stress da esame".
3. **Il supporto dei tutor.** Oltre al corpo docente, ogni corso Alpha Test si avvale della presenza e del lavoro di tutor. Sono studenti o studentesse che, avendolo da poco sperimentato, conoscono molto bene il percorso per superare il test. Il loro ruolo è aiutare gli studenti a restare al passo con le lezioni, accompagnandoli nell'organizzazione del tempo e dello studio e nell'uso di tutti gli strumenti, cartacei e digitali, di cui i corsi si avvalgono.
4. **L'aggiornamento dei corsi.** Nel mondo universitario, i test di selezione o valutazione in ingresso subiscono numerosi e continui aggiornamenti normativi, introdotti a livello ministeriale o dei singoli atenei. In oltre 35 anni di attività in questo settore, Alpha Test ha visto più volte l'introduzione di riforme, rispondendo con tempestività e precisione alle diverse modifiche. L'organizzazione del corpo docente e l'impegno di quanti lavorano alla progettazione dei corsi consentono sempre ad Alpha Test di cogliere, analizzare e trasferire in tempo reale nella didattica eventuali cambiamenti, anche attraverso la predisposizione di materiale integrativo aggiornato e riservato ai corsisti.

Come è ovvio, la frequenza di un corso potenzia e non sostituisce l'impegno di ogni aspirante matricola nelle attività di **studio individuale** e di **esercitazione**.

Per questo, si consiglia a chi decida di iscriversi a un corso di fare una **lettura preliminare** dei libri (almeno del manuale) prima dell'inizio delle lezioni, per acquisire una conoscenza di base dei programmi. Questa raccomandazione vale in particolar modo per chi sceglie di frequentare uno dei corsi brevi Alpha Test.

Come scegliere un corso Alpha Test

Alpha Test organizza corsi di preparazione per i test di accesso a **tutte le aree di studio**. I corsi sono in formati diversi: **online** (interamente on demand oppure in diretta oppure in modalità *blended*, cioè con ambiente di apprendimento misto) o **in presenza**, in molte città italiane.

In base alle proprie esigenze, gli studenti possono scegliere tra **corsi di lunga durata**, che prevedono anche una guida allo studio approfondito della teoria, e corsi **brevi e intensivi** di sole esercitazioni e simulazioni.

Di ciascun corso, su **alphatest.it** sono indicati i calendari, le quote di iscrizione, le promozioni attive e la scontistica riservata a coloro che hanno già acquistato uno o più volumi di preparazione.

Per ogni richiesta di informazione o per una consulenza personalizzata è inoltre possibile contattare il team Admission Alpha Test al telefono o su Whatsapp al numero **02 5845 981**.

Suggerimenti per affrontare la prova a test

Per affrontare al meglio un test a risposta multipla è importante conoscerne le caratteristiche rilevanti: per esempio quali siano le modalità di svolgimento, la composizione, il numero dei quesiti e delle alternative di risposta, o – se possibile – quali tipologie di esercizi si dovranno risolvere. In tal modo si possono studiare anche opportune "strategie" per valorizzare al massimo le proprie conoscenze e potenzialità.

Nelle prove per l'ammissione ai corsi a numero programmato, i candidati sono selezionati sulla base di un criterio di tipo **comparativo**. Cioè, per superare la selezione **lo studente deve figurare tra i migliori** nella graduatoria: non è quindi tanto rilevante il punteggio assoluto ottenuto quanto svolgere il test di ammissione meglio di un certo numero di altri candidati. È bene però ricordare, soprattutto nei casi dei test di ammissione a base nazionale, che a volte è prevista una soglia minima qualificante: in tal caso anche qualora residuassero posti disponibili, i candidati con punteggio inferiore a tale soglia non potrebbero immatricolarsi perché giudicati non idonei. Dunque, totalizzare i punti minimi rappresenta una condizione necessaria ma non sufficiente per l'immatricolazione.

Prima di addentrarci nell'analisi dei contenuti dei test e degli esercizi che li compongono, è opportuno considerare alcuni suggerimenti solo in apparenza banali, e invece molto utili al fine di ottimizzare il risultato nella prova di ammissione.

Prima del test

Il primo suggerimento, di carattere generale, è leggere con grande attenzione e per intero il **bando di concorso**, compresi gli allegati con i programmi di esame. Inoltre bisogna tenere in considerazione anche le **disposizioni** pubblicate dalla sede universitaria dove lo studente svolgerà la prova. Gli atenei e il Ministero, infatti, sono le fonti di informazioni **ufficiali** relative alle norme, alle modalità di selezione, alla struttura e ai contenuti della prova che regola l'ammissione al corso di studi scelto.

In particolare è importante avere ben chiare le indicazioni relative a: modalità di iscrizione alla prova; titoli necessari per potere partecipare al concorso; giorno e ora di svolgimento della prova di interesse, nonché la sua durata ecc. Sarà cura dello studente verificare in quale modalità (*computer based* o meno, sessione unica o multisessione ecc.) sarà somministrato il test di suo interesse. Sicuramente, in caso di test in presenza, bisognerà ricordare di recarsi all'esame con un documento di identità valido, la ricevuta di iscrizione ed eventuali ricevute di pagamento richieste.

Il giorno del test

In sede d'esame, prima del suo inizio, di solito vengono comunicate ai candidati le **norme alle quali attenersi durante tutte le fasi di svolgimento del test**. Tali norme riguardano, per esempio: il tempo totale a disposizione, le modalità con cui indicare le risposte sull'apposita scheda cartacea o, in caso di prova *computer based*, le istruzioni per l'utilizzo della piattaforma; vengono inoltre fornite altre indicazioni su come comportarsi durante l'esame e al suo termine.

È necessario rispettare scrupolosamente tutte le regole, evitando così errori banali ma sostanziali (quale, per esempio, la compilazione errata della scheda per le risposte o l'omissione di una firma, o il mancato rispetto delle procedure per le prove telematiche), che potrebbero compromettere la validità della prova e quindi l'ammissione.

In alcuni casi, all'interno del test stesso gli esercizi sono preceduti da **istruzioni circa le modalità di risoluzione** dei quesiti e a volte anche da un esempio risolto. È importante in questi casi non lasciarsi prendere dalla fretta di mettersi subito al lavoro, ma dedicare la massima attenzione alla lettura di queste istruzioni, indispensabili per capire la logica degli esercizi e per rispondere correttamente alle domande.

Domande a risposta multipla

I test che vengono utilizzati per l'ammissione all'università sono costituiti da domande a risposta **chiusa**, le cui risposte sono cioè predefinite: il candidato deve individuare la sola risposta esatta tra le alternative proposte che, per i test cui si rivolge questo volume, sono sempre **5**.

Per rispondere a una domanda *aperta* (cioè non corredata da risposte prefissate) come per esempio "Qual è la capitale della Colombia?", occorre conoscere l'esatta nozione che consente di dare la risposta. Nel caso di *domande a scelta multipla* è invece possibile procedere anche in maniera diversa.

Si ipotizzi, per esempio, di dover rispondere al medesimo quesito, però in forma chiusa.

---

1 Qual è la capitale della Colombia?

A Delhi
B Buenos Aires
C Bogotá
D Brasilia
E Santiago

In questo caso è possibile determinare la risposta corretta procedendo in due modi distinti:

1. ragionando come se si trattasse di una domanda aperta: sapendo che la capitale della Colombia è Bogotá, si individua direttamente la risposta corretta (C) senza valutare le altre risposte proposte;
2. se, al contrario, non si conosce la risposta alla domanda, ma si ricordano altri accoppiamenti Paese/capitale, è possibile individuare la risposta corretta eliminando le alternative errate: sapendo che Delhi è la capitale dell'India, Buenos Aires dell'Argentina, Santiago del Cile e Brasilia del Brasile, per esclusione si può concludere che la risposta esatta è la C.

In altre parole, per rispondere a una domanda a scelta multipla non è strettamente necessario conoscere la risposta esatta: a volte la soluzione si può individuare indirettamente, escludendo le alternative errate.

Nel caso in cui, procedendo per esclusione, il candidato non riesca a eliminare tutte le alternative errate, il metodo di risposta per eliminazione permette comunque di aumentare le probabilità di individuare la risposta corretta: l'esclusione di una o più risposte riduce infatti il numero delle alternative tra cui si rimane incerti e quindi incrementa la probabilità di individuare l'alternativa corretta.

Valore dei quesiti e gestione del tempo

Come i partecipanti ai corsi Alpha Test hanno modo di sperimentare durante lo svolgimento delle prove simulate, il **tempo** rappresenta uno dei fattori critici per affrontare con successo un test di ammissione.

Infatti, le prove sono spesso progettate e formulate in modo tale da permettere solo ai più preparati e ai più veloci di rispondere, entro i termini concessi, alla totalità delle domande.

È dunque imperativo impiegare razionalmente ogni minuto, avendo ben presente – prima di iniziare la prova – il tempo medio a disposizione per ogni quesito (calcolato sui minuti complessivi divisi per il numero dei quesiti stessi), ed evitando di soffermarsi su una singola domanda per un tempo eccessivamente superiore. In generale, il consiglio è di non superare il tempo medio per più del 20%: questa dilazione per gli esercizi più complessi viene infatti compensata dalla presenza di altri di più veloce risoluzione.

Ormai in quasi tutti i test, ogni risposta corretta fa "guadagnare" lo stesso punteggio: dunque a parità di tempo impiegato conviene risolvere due esercizi semplici piuttosto che uno complesso.

Poniamo che il tempo a disposizione per l'intero test sia di 100 minuti e gli esercizi da risolvere 60, il tempo medio per quesito è di 1 minuto e 40 secondi (100 secondi): quindi, bisogna evitare di dedicare più di due minuti allo svolgimento del singolo quesito.

L'obiettivo da raggiungere è rispondere correttamente al maggior numero possibile di esercizi; si consiglia quindi, compatibilmente con i vincoli imposti dalle modalità di svolgimento della prova, di affrontare prima gli esercizi che – per argomento o tipologia – si presume di riuscire a risolvere più facilmente e velocemente, per tornare poi a quelli più ostici per i quali si prevede un dispendio di tempo maggiore.

Scelta casuale della risposta?

La correzione dei test attribuisce in genere un punteggio positivo per le risposte corrette e, nella più parte dei casi, l'attribuzione di un punteggio negativo per ogni risposta errata (di solito quantificato in una frazione di punto). Ai quesiti omessi, a cui cioè non si è risposto, viene di norma attribuito punteggio nullo.

Spesso l'attribuzione del punteggio avviene secondo la seguente modalità:

- Risposta esatta: +1
- Risposta errata: –0,25 (–1/4)
- Risposta omessa: 0

La penalità sulle risposte errate ha lo scopo di annullare il punteggio positivo che, statisticamente, il candidato potrebbe conseguire rispondendo a caso in assenza di tale penalità.

Ma **è conveniente o no rispondere a caso** ai quesiti a cui si sa trovare soluzione?

Si supponga di non conoscere assolutamente le risposte di 20 quesiti (con 5 risposte alternative ciascuno) della prova. Scegliendo a caso, si risponderebbe statisticamente in modo corretto a 4 esercizi (20/5) e si sbaglierebbero i restanti 16 quesiti. Il punteggio totalizzato sarebbe dunque:

- risposte esatte: $4 \times (+1) = +4$
- risposte errate: $16 \times (-1/4) = -4$
- risposte nulle: $0 \times 0 = 0$
- punteggio totale: $4 - 4 = 0$

Si otterrebbe quindi un punteggio nullo, esattamente identico a quello che si totalizzerebbe scegliendo di non rispondere ai 20 quesiti.

Dunque, è possibile distillare una regola utile su come comportarsi nel caso in cui non si riesca a identificare, tra le diverse risposte alternative, quella corretta:

> conviene rispondere casualmente ogni volta che il numero di alternative tra cui si è indecisi è pari o inferiore al reciproco del punteggio negativo attribuito alle risposte errate.

È evidente che il punteggio totalizzato rispondendo casualmente potrà essere tanto maggiore quanto minore sarà il numero di alternative tra cui si è indecisi e quanto minore è la penalità attribuita alle risposte errate. Il numero delle alternative tra cui si è indecisi non coincide necessariamente con quello delle alternative esistenti. Se, per esempio, le alternative proposte sono 5, ma il candidato riesce a eliminarne due perché le si riconosce come errate, la valutazione statistica va rivista su 3 alternative (cioè 5 – 2).

Nella pratica, scartare almeno due alternative di risposta è possibile anche quando l'argomento sia poco o per nulla noto al candidato. Si veda per esempio:

---

2 In base alla Costituzione, l'Italia è:

A una repubblica regionale

B uno Stato federale

C una repubblica democratica, fondata sul lavoro

D una repubblica presidenziale, fondata sul lavoro

E uno Stato federato

Anche senza ricordare la definizione precisa che la Costituzione dà dello Stato italiano, è facile riuscire a escludere le alternative B ed E che si segnalano per l'evidente implausibilità. L'Italia infatti è uno Stato unitario che non si articola al suo interno in altre entità statali né è a sua volta parte di uno Stato federale. Al candidato resterà dunque, eventualmente, il dubbio tra tre sole alternative (la risposta esatta è C).

Prove cartacee e prove computer based

Le prove di ammissione per i corsi delle Professioni sanitarie nelle università statali si svolgo **in presenza** utilizzano un supporto **cartaceo**. In questo caso, ricordiamo che il candidato – una volta individuata la risposta che ritiene corretta per un dato quesito – la deve segnare sull'apposita *scheda per le risposte*, che è distinta dal fascicolo del questionario che riporta il testo degli esercizi e le 5 alternative di risposta. L'operazione, in sé semplicissima, va svolta con attenzione: si tratta infatti di evidenziare la lettera che identifica la risposta che si vuole indicare in corrispondenza del numero dell'esercizio. Scambiare il numero di un esercizio con un altro è la più banale ma anche la più grave delle sviste.

Per la correzione delle schede cartacee vengono utilizzati *elaboratori elettronici* dotati di *lettori ottici*, il candidato deve quindi contrassegnare come indicato nelle istruzioni lo spazio (un "cerchietto" o "quadratino") corrispondente all'alternativa ritenuta esatta.

Nelle prove degli ultimi anni per l'accesso ai corsi statali dell'area sanitaria i candidati hanno avuto la possibilità di effettuare eventualmente **una correzione** per ogni domanda, sulla scheda delle risposte. È comunque consigliabile **limitare al minimo le correzioni**.

In quasi tutti gli atenei privati, invece, le prove si svolgono al computer e quasi sempre da remoto. Rispetto alle prove cartacee, l'indicazione della risposta è in genere più agevole: è sufficiente cliccare sulla schermata lo spazio corrispondente all'alternativa che si ritiene corretta. All'interno del tempo concesso per la soluzione dei quesiti, è sempre possibile cambiare la risposta indicata.

Si riporta di seguito un modello di scheda cartacea delle risposte, comprensiva delle istruzioni su come indicare le risposte e su come effettuare le correzioni. Sulle schede per le risposte sono solitamente presenti aree (con cerchi neri, codici a barre o altro) indispensabili al corretto funzionamento del sistema ottico di lettura e correzione. All'interno di tali aree bisogna evitare di tracciare alcun segno di scrittura che potrebbe pregiudicare il corretto funzionamento del lettore..

Si raccomanda di non apporre alcun segno al di fuori delle caselle previste e di non sgualcire o piegare la scheda.

M.U.R. — Ministero dell'Università e della Ricerca,
Università degli Studi di ...

Modulo risposte

ATTENZIONE: NON piegare o sgualcire questa scheda

0 0 0 0 0 2 5 8 1 B

N° domanda	Ragionamento logico Competenze e conoscenze				
	A	B	C	D	E
○ 1	□	□	□	□	□
○ 2	□	□	□	□	□
○ 3	□	□	□	□	□
○ 4	□	□	□	□	□
○ 5	□	□	□	□	□
○ 6	□	□	□	□	□
○ 7	□	□	□	□	□
○ 8	□	□	□	□	□
○ 9	□	□	□	□	□

N° domanda	Biologia				
	A	B	C	D	E
○ 10	□	□	□	□	□
○ 11	□	□	□	□	□
○ 12	□	□	□	□	□
○ 13	□	□	□	□	□
○ 14	□	□	□	□	□
○ 15	□	□	□	□	□
○ 16	□	□	□	□	□
○ 17	□	□	□	□	□
○ 18	□	□	□	□	□
○ 19	□	□	□	□	□
○ 20	□	□	□	□	□
○ 21	□	□	□	□	□
○ 22	□	□	□	□	□
○ 23	□	□	□	□	□
○ 24	□	□	□	□	□
○ 25	□	□	□	□	□
○ 26	□	□	□	□	□
○ 27	□	□	□	□	□
○ 28	□	□	□	□	□
○ 29	□	□	□	□	□
○ 30	□	□	□	□	□
○ 31	□	□	□	□	□
○ 32	□	□	□	□	□

N° domanda	Chimica				
	A	B	C	D	E
○ 33	□	□	□	□	□
○ 34	□	□	□	□	□
○ 35	□	□	□	□	□
○ 36	□	□	□	□	□
○ 37	□	□	□	□	□
○ 38	□	□	□	□	□
○ 39	□	□	□	□	□
○ 40	□	□	□	□	□
○ 41	□	□	□	□	□
○ 42	□	□	□	□	□
○ 43	□	□	□	□	□
○ 44	□	□	□	□	□
○ 45	□	□	□	□	□
○ 46	□	□	□	□	□
○ 47	□	□	□	□	□

N° domanda	Matematica e Fisica				
	A	B	C	D	E
○ 48	□	□	□	□	□
○ 49	□	□	□	□	□
○ 50	□	□	□	□	□
○ 51	□	□	□	□	□
○ 52	□	□	□	□	□
○ 53	□	□	□	□	□
○ 54	□	□	□	□	□
○ 55	□	□	□	□	□
○ 56	□	□	□	□	□
○ 57	□	□	□	□	□
○ 58	□	□	□	□	□
○ 59	□	□	□	□	□
○ 60	□	□	□	□	□

1. Ogni domanda ammette **una e una sola** risposta esatta. Si risponde barrando la relativa casella, ad esempio con una crocetta ben marcata, avendo cura di rimanere entro i bordi della casella stessa.

   ○ 1 ☒ □ □ □ □

2. Per correggere una risposta errata è necessario **annerire completamente** la casella e barrare quella corretta. Per ogni domanda **è ammessa una sola** correzione.

   ○ 2 ■ □ □ □ ☒

3. Se si intende annullare una risposta già data o non rispondere a una domanda occorre annerire la casella circolare a sinistra del numero progressivo.

   ⊗ 3 ■ □ □ □ ☒
   ⊗ 4 □ □ □ □ □

Esempio di scheda delle risposte con possibilità di correzione ed estratto di istruzioni per la corretta compilazione

Simulazioni

PRIMA PROVA

Scheda delle risposte

Alpha Test

Scheda per le risposte della prima prova

Contrassegnare le risposte relative alle domande della prima prova

	A	B	C	D	E		A	B	C	D	E		A	B	C	D	E
1						21						41					
2						22						42					
3						23						43					
4						24						44					
5						25						45					
6						26						46					
7						27						47					
8						28						48					
9						29						49					
10						30						50					
11						31						51					
12						32						52					
13						33						53					
14						34						54					
15						35						55					
16						36						56					
17						37						57					
18						38						58					
19						39						59					
20						40						60					

© Alpha Test

PRIMA PROVA

Tempo a disposizione: 100 minuti – Tempo consigliato: 90 minuti

Ragionamento logico, competenze di lettura e conoscenze acquisite negli studi

In base alle informazioni contenute nel brano seguente, rispondere alla successiva domanda.

L'archeologia dice ancora poco, ma la genetica ci informa di più. Lo studio del DNA mitocondriale ci ha detto che la data di separazione di Africani e non Africani deve essere posteriore a 200.000 anni fa.

I mitocondri costituiscono una piccolissima parte del nostro corredo genetico (un 200 millesimo), e abbiamo imparato che è necessario rivolgersi a un materiale più vasto. Sono stati studiati molti altri geni, e si è creato un vastissimo corpo di conoscenze (migliaia di pubblicazioni), di cui è stata fatta una paziente elaborazione statistica.

1 **Una delle affermazioni seguenti NON è suffragata dal testo. Quale?**

- A La data di separazione tra Africani e non Africani non risale a più di 200.000 anni fa
- B I mitocondri non costituiscono la totalità del nostro corredo genetico
- C I geni mitocondriali sono meno informativi del complesso di tutti i geni
- D La genetica può dare più informazioni dell'archeologia
- E Lo studio archeologico indica una data di separazione tra Africani e non Africani che risale a 200.000 anni fa

2 **A quale delle seguenti parole corrisponde la definizione: *"parola che ha un significato sostanzialmente uguale ad un'altra, anche se variamente stratificato dal punto di vista degli affetti, della cultura e della classe sociale"*?**

- A Corrispondente
- B Simile
- C Sinonimo
- D Equivalente
- E Affine

3 **Entro quale tempo massimo le leggi approvate dal Parlamento italiano devono essere promulgate dal Presidente della Repubblica?**

A 15 giorni B 40 giorni C 60 giorni D 30 giorni E 90 giorni

4 **Nella primavera 2018 l'Eta ha annunciato il proprio scioglimento dichiarando la fine "del suo ciclo storico e della sua funzione". Il gruppo terrorista indipendentista basco ha provocato 850 morti e migliaia di feriti in:**

A 60 anni di attività
B tre secoli di storia
C gran parte nella sola Madrid
D un decennio di attività
E gran parte in territorio francese

5 **Luigi aveva 8 anni quando è nato suo fratellino. Quanti anni ha ora che la sua età è doppia di quella del fratello?**

A 21 B 20 C 16 D 12 E 18

6 **Una palestra ha venduto 400 abbonamenti in ottobre e 480 in novembre. In dicembre si è registrato un decremento del 15% rispetto al mese precedente. A quanto ammonta la variazione percentuale degli abbonamenti venduti nel mese di dicembre rispetto a quelli di ottobre?**

A 1%
B 5%
C 2%
D – 5%
E Non ci sono elementi sufficienti per rispondere

7 **Un'asta di metallo lunga un metro è sospesa per il suo centro. A 5 cm dall'estremità destra è agganciato un peso di 40 kg, mentre all'estremità opposta è agganciato un peso di 9 kg. Cosa è necessario fare per equilibrare l'asta e mantenerla in posizione orizzontale?**

A Nulla, l'asta è già in equilibrio
B Aggiungere, al peso agganciato a sinistra, un ulteriore peso di 27 kg
C Aggiungere, al peso agganciato a sinistra, un ulteriore peso di 31 kg
D Aggiungere, al peso agganciato a destra, un ulteriore peso di 30 kg
E Aggiungere, al peso agganciato a destra, un ulteriore peso di 31 kg

8 **"Se non metti le cinture di sicurezza, i vigili non mancheranno di multarti".**
Se la precedente affermazione è vera, allora è certamente vero che:

A se i vigili non mancano di multarti è perché non hai messo le cintura di sicurezza
B se i vigili non ti hanno multato è perché hai messo le cinture di sicurezza
C le cinture di sicurezza sono la miglior protezione alla guida
D è necessario mettere le cinture di sicurezza per far sì che i vigili non ti multino
E se metti le cinture di sicurezza i vigili troveranno difficoltà a multarti

9 **Non è assolutamente impossibile astenersi dall'evitare di copiare dal vicino di banco.**
Qual è il corretto significato della precedente affermazione?

A Si può copiare dal vicino di banco
B È assolutamente vietato copiare dal vicino di banco
C Non si dovrebbe copiare dal vicino di banco
D Nessuno può copiare dal vicino di banco
E Il vicino di banco è antipatico

Biologia, chimica, matematica e fisica

10 La duplicazione di una cellula somatica comprende due processi, la divisione nucleare e la divisione cellulare. La divisione nucleare è definita:

A mitosi
B citodieresi
C meiosi
D nucleosi
E fusione nucleare

11 Quali ormoni tra i seguenti vengono prodotti dall'ovaia?

A Adrenalina e noradrenalina
B Glucocorticoidi
C Estrogeni
D Ossitocina
E TSH e ADH

12 Il candidato indichi l'affermazione corretta. Gli ioni inorganici:

A attraversano le membrane cellulari grazie a vescicole di fosfolipidi
B attraversano le membrane cellulari grazie a vescicole proteiche
C attraversano le membrane cellulari grazie a proteine di trasporto
D attraversano liberamente le membrane cellulari
E non attraversano mai le membrane cellulari

13 Le cellule olfattive sono presenti in un tessuto:

A epiteliale
B connettivo lasso
C adiposo
D connettivo denso
E cartilagineo

14 L'acido cianidrico è un veleno perché:

A libera acido cloridrico dai cloruri
B scinde le catene proteiche
C blocca la colinesterasi
D forma la cianoemoglobina
E si sostituisce allo ione calcio

15 Nelle cellule eucariotiche, il DNA si replica durante:

A la fase G_1
B la fase G_2
C la fase S
D la fase M
E la citocinesi

16 **Nello stesso organismo cellule diverse sintetizzano corredi proteici diversi. Qual è di norma la causa?**
- A La differente regolazione dell'espressione genica
- B La presenza del genoma mitocondriale
- C Il riassortimento dei caratteri
- D Le mutazioni
- E Il crossing over

17 **Quale di queste affermazioni riguardante gli enzimi è vera?**
- A Ognuno di essi può catalizzare tanti tipi di reazioni
- B Sono sostanze di natura lipidica
- C Ognuno di essi catalizza un determinato tipo di reazione
- D L'enzima viene trasformato dalla reazione che catalizza
- E Sono sostanze di natura polinucleotidica

18 **Il piruvato che si forma dalla glicolisi:**
- A viene immagazzinato come riserva
- B viene ossidato a gruppo acetilico
- C viene trasformato in glucosio
- D viene ridotto ad acetilcoenzima A
- E produce due molecole di ATP

19 **Il pancreas è una ghiandola:**
- A esocrina ed endocrina
- B esclusivamente endocrina
- C importante soltanto per la digestione
- D esclusivamente esocrina
- E secernente ACTH

20 **Cos'è la miosi?**
- A La costrizione pupillare
- B La dilatazione pupillare
- C L'accomodazione del cristallino
- D Una forma di miocardite
- E Un difetto della vista simile alla miopia

21 **L'interfase del ciclo cellulare è costituita dalle fasi:**
- A S
- B G_1
- C G_2
- D $G_1 + S + G_2$
- E $G_1 + G_2$

22 **Gli individui di gruppo sanguigno 0:**
- A possono avere figli di qualsiasi gruppo sanguigno
- B hanno sicuramente qualche parente di gruppo 0
- C hanno sempre entrambi i genitori di gruppo 0
- D hanno necessariamente almeno un genitore di gruppo sanguigno 0
- E hanno ereditato un allele di tipo 0 da entrambi i genitori

 © Alpha Test

23 **Il succo enterico contiene le lipasi, enzimi che:**

A idrolizzano l'ATP
B idrolizzano i grassi
C idrolizzano gli acidi nucleici
D saponificano i grassi
E idrolizzano le proteine

24 **Per "vaccinazione" si intende:**

A la profilassi con antibiotici
B la somministrazione di anticorpi
C la stimolazione alla produzione di anticorpi
D l'induzione di una tolleranza immunologica
E la stimolazione alla produzione di antigeni

25 **Quale tra queste malattie è causata da un batterio?**

A L'epatite
B La polmonite
C La malaria
D L'AIDS
E La BSE (o malattia della mucca pazza)

26 **Un maschio portatore di un carattere dominante legato al cromosoma X trasmette tale carattere:**

A a tutti i figli maschi
B al 50% dei figli maschi
C al 50% delle figlie femmine
D al 75% delle figlie femmine
E a nessun figlio maschio

27 **La pinocitosi è il trasporto all'interno della cellula di:**

A proteine
B batteri o virus
C sostanze solide di grosse dimensioni che non possono attraversare la membrana
D sostanze liquide
E sostanze solide

28 **Animali la cui temperatura corporea è variabile in rapporto alla temperatura ambientale, sono detti:**

A eterozigoti
B omeotermi
C autotrofi
D eterotrofi
E nessuna delle altre risposte è corretta

29 **La rosolia è causata da:**

A un batterio B un protozoo C un verme D un fungo E un virus

30 **L'incorporazione e la cessione di ossigeno e anidride carbonica da parte delle cellule avviene per meccanismi di:**

- A trasporto attivo attraverso la membrana plasmatica
- B trasporto passivo attraverso la membrana plasmatica
- C diffusione attraverso la membrana plasmatica
- D endocitosi della membrana plasmatica
- E esocitosi della membrana plasmatica

31 **I macrofagi sono:**

- A cellule epiteliali dell'intestino tenue
- B batteri con intensa azione fagocitaria
- C cellule fagocitiche che si sviluppano per differenziamento dei monociti
- D organismi che si cibano di resti in decomposizione
- E cellule dalla cui frammentazione si producono le piastrine

32 **La pepsina è un enzima che agisce scindendo:**

- A le proteine in peptidi a pH alto
- B i lipidi a pH basso
- C i lipidi a pH alto
- D le proteine in peptidi a pH basso
- E gli zuccheri a pH neutro

33 **Il peso molecolare del glucosio ($C_6H_{12}O_6$) è 180. Quanti grammi di glucosio è necessario pesare per ottenere 200 mL di una soluzione 0,1 molare di glucosio?**

- A 18 g
- B 3,6 g
- C 36 g
- D 90 g
- E 180 g

34 **Indicare quale dei seguenti sali, disciolto in acqua, dà reazione basica:**

- A NaCl
- B Na_2SO_4
- C KCl
- D $KHCO_3$
- E $AlCl_3$

35 **Il comune zucchero da cucina è:**

- A il fruttosio
- B il glucosio
- C il saccarosio
- D il maltosio
- E il lattosio

© Alpha Test

36 **Il composto $CH_3–CH_2–O–CH_2–CH_3$ è:**

A un etere
B un alcol
C un'aldeide
D un chetone
E un acido carbossilico

37 **Il calcio è un:**

A metallo alcalino
B metallo terroso
C metallo di transizione
D alogeno
E metallo alcalino-terroso

38 **Indicare in quale delle seguenti sostanze il legame è dovuto a forze elettrostatiche.**

A Sodio
B Cloruro di sodio
C Acido cloridrico
D Diamante
E Metano

39 **Quale è la natura del legame O-H nella molecola di acqua?**

A Ad idrogeno
B Covalente puro
C Ionico
D Covalente polare
E Metallico

40 **Nei cosiddetti "saponi" quali molecole organiche ci sono?**

A Alcani
B Alcheni
C Alcoli
D Esteri
E Sali di acidi grassi a catena lunga

41 **Tra quelli riportati indicare il composto più ricco d'ossigeno:**

A alcano
B alcol monofunzionale
C chetone monofunzionale
D aldeide monofunzionale
E acido carbossilico monofunzionale

42 **Un litro di soluzione di acido cloridrico contiene 0,001 moli di acido. Indicare quale delle seguenti affermazioni è esatta:**

- A il pH della soluzione è 3
- B il pH della soluzione è 10
- C il pOH della soluzione è 3
- D il pH della soluzione è 2
- E il pH della soluzione è 4

43 **Una sola delle seguenti affermazioni concernenti lo ione potassio (Z = 19, P.A. = 39) è ERRATA. Quale?**

- A La massa atomica relativa è 39
- B Nel nucleo sono presenti 19 protoni
- C Nel nucleo sono presenti 39 neutroni
- D La configurazione elettronica è: $1s^2\ 2s^2\ p^6\ 3s^2\ p^6$
- E Attorno al nucleo sono presenti 18 elettroni

44 **Una reazione che permette di ottenere la calce viva dalla calce spenta è la seguente:**

$$CaO \text{ (calce viva)} + H_2O \rightarrow Ca(OH)_2 \text{ (calce spenta)}$$

In essa:

- A un ossido basico reagisce con acqua per dare un idrossido
- B un ossido acido reagisce con acqua per dare un idrossido
- C un ossido di un metallo alcalino reagisce con acqua per dare una base
- D un ossido di un metallo alcalino-terroso reagisce con una base
- E un sale reagisce con acqua idrolizzandosi

45 **Gli elettroliti sono:**

- A sostanze che liberano ioni solo se sottoposte a una differenza di potenziale elettrico
- B soluti le cui soluzioni acquose conducono la corrente elettrica e che esistono in soluzione sotto forma di ioni
- C molecole che si formano in soluzione sotto lo stimolo energetico di un campo elettrico
- D sostanze solide che conducono bene la corrente elettrica e per questo sono usate per la costruzione di elettrodi
- E sostanze polari

46 **Qual è il numero di ossidazione del cromo nel composto $Al_2(CrO_4)_3$?**

- A + 2
- B + 4
- C – 4
- D + 6
- E – 6

47 **All'aumentare della concentrazione di un soluto praticamente non volatile, la temperatura di ebollizione di una soluzione:**

- A aumenta o diminuisce a seconda della natura chimica del soluto
- B diminuisce
- C rimane invariata
- D dipende dalla velocità di riscaldamento
- E aumenta

48 **L'insieme C contiene tutti i numeri naturali composti minori di 10. L'insieme D contiene tutti i numeri naturali che sono divisori di 8. Qual è la cardinalità di $C \cup D$?**

A 2　B 5　C 6　D 7　E 8

49 **Quanti sono i numeri reali che soddisfano l'equazione $x^4 - 5x^2 - 36 = 0$?**

A 0　B 1　C 2　D 4　E Infiniti

50 **Un triangolo rettangolo ha la mediana relativa all'ipotenusa che misura 75 cm e un cateto che misura 90 cm. Quanto misura l'altro cateto?**

A 1,2 m　B 80 cm　C 1 m　D 1,4 m　E 60 cm

51 **La media aritmetica di 5 numeri è 40. Due di questi numeri sono 7 e 70. Quanto vale la media aritmetica degli altri numeri?**

A 43
B 41
C 23
D 37
E Non si può determinare

52 **Quali sono le soluzioni della disequazione $3^{-8x}(3^{2x} - 9)(3^{4-x^2}) \leq 0$?**

A $x \geq 1$
B $x \leq 2$
C La disequazione non ammette soluzioni
D $x \leq -2$ oppure $x \geq 2$
E $x \leq 1$

53 **La disequazione di secondo grado:**

$$ax^2 + 2a^2 < 0$$

con x incognita e a parametro reale, ammette soluzioni reali:

A per nessun valore di a
B per tutti i valori di a
C se e solo se $a > 0$
D se e solo se $a \leq 0$
E se e solo se $a < 0$

54 **L'azienda Tuttisvegli, che produce caffè, nell'ultimo anno ha modificato la capacità della confezione di vendita, passando da confezioni da 100 g a confezioni da 80 g ciascuna. Il prezzo di vendita, però, è rimasto invariato ed è pari a 5 euro a confezione. Qual è stata la percentuale di aumento del prezzo del caffè?**

A 20%
B 25%
C 10%
D 15,5%
E 22,5%

55 **Quale delle seguenti affermazioni non è corretta?**

A Se la massa di un corpo triplica, la sua capacità termica triplica

B Se una massa di una certa sostanza cede la quantità di calore Q la sua temperatura diminuisce

C Il calore specifico indica quanto calore assorbe una massa unitaria all'aumentare della sua temperatura di 1 °C

D Il calore specifico indica quanto calore assorbe una massa unitaria

E Il calore specifico non è adimensionale

56 **Un oggetto di massa m e velocità v_0 in moto verso destra colpisce un muro e rimbalza con velocità v_0, dirigendosi verso sinistra. Qual è la variazione di energia cinetica dell'oggetto?**

A $-mv_0^2$

B $-\frac{1}{2}mv_0^2$

C Zero

D $\frac{1}{2}mv_0^2$

E mv_0^2

57 **Una carica $q_1 = 10$ C viene posta nel campo elettrico generato dalla carica $q_2 = -q_1$. Cosa accade?**

A q_1 si avvicina a q_2

B q_1 resta in quiete

C q_1 si allontana da q_2

D Dipende dalla distanza fra q_1 e q_2

E Si genera un potenziale nullo

58 **Una barra magnetica si trova accanto a una spira fissa e collegata a un amperometro. In quale/i dei seguenti casi l'amperometro rileverà una corrente elettrica indotta?**

I. Se il magnete si avvicina alla spira con velocità costante

II. Se il magnete si avvicina alla spira con velocità crescente

III. Se il magnete si allontana dalla spira con velocità costante

IV. Se il magnete si allontana dalla spira con velocità crescente

A Solo I e II B Solo I e III C Solo II e IV D Solo III e IV E I, II, III e IV

59 **Quando un oggetto si muove a gran velocità in un fluido, la forza di trascinamento è data da $F = K \cdot v^2 \cdot A$, dove v è la sua velocità e A è la sua superficie. Che tipo di grandezza è K?**

A Una massa

B Un'accelerazione

C Una lunghezza

D Una densità

E Una velocità

 © Alpha Test

60 **Quale delle seguenti affermazioni è corretta?**

- A Il primo principio della dinamica vale in ogni sistema di riferimento
- B Se applichiamo una forza costante a un corpo, questo si muoverà di moto uniformemente accelerato
- C A forze uguali corrispondono accelerazioni uguali
- D Un'auto che decelera è un sistema inerziale
- E L'accelerazione di un corpo in caduta libera cresce

Soluzioni della prima prova

Alpha Test — Risposte esatte della prima prova

Verificare le risposte relative alle domande della prima prova

	A	B	C	D	E		A	B	C	D	E		A	B	C	D	E
1					■	21				■		41					■
2			■			22					■	42	■				
3				■		23		■				43			■		
4	■					24			■			44	■				
5			■			25		■				45		■			
6			■			26					■	46				■	
7		■				27				■		47					■
8		■				28					■	48			■		
9	■					29					■	49			■		
10	■					30			■			50	■				
11			■			31			■			51		■			
12			■			32				■		52					■
13	■					33					■	53					■
14				■		34				■		54		■			
15			■			35			■			55				■	
16	■					36	■					56			■		
17			■			37					■	57	■				
18		■				38		■				58					■
19	■					39				■		59				■	
20	■					40					■	60		■			

Simulazioni

SECONDA PROVA

Scheda delle risposte

Alpha Test

Scheda per le risposte della seconda prova

Contrassegnare le risposte relative alle domande della seconda prova

	A	B	C	D	E		A	B	C	D	E		A	B	C	D	E
1						21						41					
2						22						42					
3						23						43					
4						24						44					
5						25						45					
6						26						46					
7						27						47					
8						28						48					
9						29						49					
10						30						50					
11						31						51					
12						32						52					
13						33						53					
14						34						54					
15						35						55					
16						36						56					
17						37						57					
18						38						58					
19						39						59					
20						40						60					

 © Alpha Test

SECONDA PROVA

Tempo a disposizione: 100 minuti – Tempo consigliato: 90 minuti

Ragionamento logico, competenze di lettura e conoscenze acquisite negli studi

In base alle informazioni contenute nel brano seguente, rispondere alla successiva domanda.

L'ingegneria genetica è divenuta oggi oggetto dell'accusa più grave che sia mai stata mossa contro la scienza: dare ai biologi il potere di avvilire e di asservire sia il corpo che lo spirito dell'uomo. In effetti il potere di modificare l'essere umano non è una prerogativa nuova. [...] Gli esseri umani presentano notevole diversità di caratteristiche, quindi un immenso potenziale evolutivo che dà adito a svariate possibilità di selezione.

[...] Nessun esperimento, di nessun tipo, deve essere intrapreso su un essere umano senza il suo consenso. In ogni circostanza devono essere salvaguardati il rispetto e la dignità della persona umana. Anche quando lo si prende come oggetto, l'essere umano deve restare soggetto.

François Jacob, *Il topo la mosca e l'uomo*, Bollati Boringhieri, Torino 1998

1 **UNA sola delle riflessioni sui punti essenziali del pensiero di Jacob È VERAMENTE FONDATA sul testo citato. Quale?**

- **A** Spaventa tutti il fatto che i biologi abbiano il potere di asservire, corpo e spirito, gli uomini, come il fuoco un tempo spaventò Prometeo
- **B** La paura induce a ripetere nei confronti della scienza le identiche accuse in base a cui essa era già stata condannata in passato
- **C** Per fortuna la molteplicità dei caratteri degli esseri umani sembra rendere particolarmente difficile, se non addirittura impossibile, manipolazioni selettive
- **D** Non esistono circostanze che giustifichino interventi volti a modificare un essere umano senza il suo consenso
- **E** Dobbiamo accettare che possano presentarsi casi particolarissimi in cui la manipolazione genetica sia comunque lecita, con o senza il consenso dell'interessato

2 **Quale di questi testi letterari NON è di Primo Levi ma di un suo conterraneo di poco più giovane e ugualmente segnato dall'esperienza della seconda guerra mondiale?**

- A *Il sistema periodico*
- B *Una questione privata*
- C *Sommersi e salvati*
- D *La tregua*
- E *La chiave a stella*

3 **Quali tra le seguenti furono importanti invenzioni tecnologiche alla fine del XIX secolo?**

- A Stampa a caratteri mobili, occhiali, altoforni
- B Bicicletta, sestante, bussola
- C Macchina a vapore, armi da fuoco
- D Elettricità, motore a scoppio, cinematografo
- E Elettrodomestici, computer, laser

4 **I Patti Lateranensi, stipulati nel 1929, vengono richiamati in un articolo della Costituzione che testualmente recita:**

- A "Lo Stato e la Chiesa cattolica sono, ciascuno nel proprio ordine, federati e sovrani."
- B "Lo Stato e la Chiesa cattolica sono, ciascuno nel proprio ordine, autonomi e sovrani."
- C "Lo Stato e la Chiesa cattolica sono, ciascuno nel proprio ordine, liberi e indipendenti."
- D "Lo Stato e la Chiesa cattolica sono, ciascuno nel proprio ordine, indipendenti e sovrani."
- E "Lo Stato e la Chiesa cattolica sono, ciascuno nel proprio ordine, sovrani e reciprocamente dipendenti."

5 **Individuare l'alternativa da scartare.**

- A Gladiolo
- B Faggio
- C Betulla
- D Abete
- E Frassino

6 **Quali tra i termini proposti completano correttamente la seguente proporzione verbale?**

Limitrofo: X = Y: afflitto

- A X = aggettivo; Y = avverbio
- B X = limite; Y = affare
- C X = discosto; Y = giocondo
- D X = adiacente; Y = allegro
- E X = lontano; Y = affranto

7 **"In base alle statistiche dell'ospedale, i medici hanno appurato che non è falsa la tesi secondo cui quella malattia non è mortale".**

Basandosi sulla precedente affermazione, quale delle seguenti alternative è vera?

- A I dati delle statistiche dell'ospedale sono poco significativi
- B I medici non hanno potuto appurare il livello di mortalità di quella malattia
- C I medici non possono affermare la falsità della tesi secondo la quale quella malattia è mortale
- D Quella malattia è mortale, in base alle statistiche dell'ospedale
- E Quella malattia non è mortale, in base alle statistiche dell'ospedale

© Alpha Test

8 **Se:**

©+!=!–§

! = – 5

© = **20**

Allora § è uguale a:

A – 10
B 0
C – 20
D 10
E 20

9 **Enea, Michele, Nicolò e Tommaso hanno in tutto 53 fumetti. Se tutti possiedono almeno un fumetto e il numero dei fumetti di Enea è il triplo di quelli di Michele e il numero dei fumetti di Nicolò è il doppio di quelli di Tommaso aumentato di uno, qual è il massimo numero di fumetti che può possedere Nicolò?**

A 33
B 10
C 16
D 30
E I dati assegnati non permettono di rispondere al quesito

SECONDA PROVA

Biologia, chimica, matematica e fisica

10 Durante la sistole ventricolare sono:

- A chiuse le valvole tra ventricoli e arterie
- B chiuse le valvole tra vene e atri
- C aperte le valvole tra atri e ventricoli
- D aperte le valvole tra ventricoli e arterie
- E aperte le valvole tra atri e arterie

11 In una molecola di DNA quanti tipi diversi di triplette è possibile trovare?

- A 3
- B 14
- C 64
- D Infinite
- E Tante quante sono i diversi amminoacidi

12 Il glucagone è secreto:

- A dall'adenoipofisi
- B dalle ghiandole salivari
- C dalla midollare surrenale
- D dal pancreas
- E dalla tiroide

13 Quale delle seguenti affermazioni relative ai fosfolipidi di membrana è vera?

- A Contengono solo acidi grassi saturi
- B Contengono solo acidi grassi insaturi
- C Possiedono code polari
- D Contengono colesterolo
- E Possiedono teste polari

14 I cromosomi omologhi presentano:

- A identica sequenza di loci genici
- B identica struttura primaria del DNA
- C diversa sequenza dei loci genici
- D diversa sequenza di amminoacidi
- E identica sequenza di nucleotidi

15 Gli ureteri:

- A uniscono direttamente i reni all'uretra
- B conducono l'urina dai reni alla vescica
- C trasportano gli spermatozoi dalle vescichette seminali all'uretra
- D nella donna uniscono le ovaie all'utero
- E fanno parte dell'apparato riproduttore maschile

16 **Il daltonismo è un carattere recessivo legato al cromosoma X. Qual è la probabilità che il figlio maschio di un uomo daltonico e di una donna con visione normale dei colori sia daltonico, sapendo che il nonno materno era daltonico?**

- A 0%
- B 25%
- C 50%
- D 75%
- E 100%

17 **Nella fotosintesi il processo di fissazione del carbonio in carboidrati avviene durante:**

- A la fase luce-indipendente
- B la sintesi di ATP
- C la fase luce-dipendente
- D la fotofosforilazione del carbonio
- E la glicolisi

18 **Nella meiosi, dopo l'appaiamento degli omologhi, è frequente il "crossing over"; durante quale fase del processo meiotico avviene questo fenomeno?**

- A Diacinesi
- B Pachitene
- C Leptotene
- D Zigotene
- E Diplotene

19 **Cos'è l'enartrosi?**

- A L'articolazione immobile tra le ossa del cranio
- B L'articolazione a perno che consente la rotazione dell'avambraccio a livello del gomito
- C L'articolazione che permette la rotazione completa del braccio e della gamba
- D L'articolazione a cerniera tra omero e testa dell'ulna
- E Una patologia infiammatoria a carico delle articolazioni

20 **Quale di questi enunciati rappresenta la "legge dell'assortimento indipendente" di Mendel?**

- A Ogni coppia di alleli segrega indipendentemente durante la formazione dei gameti
- B Per ciascun gene gli alleli possono essere uguali o differenti
- C Quando due geni di una coppia sono rappresentati da alleli diversi, uno è interamente espresso mentre l'altro non ha effetto visibile sull'individuo
- D Le coppie di geni si separano durante la formazione dei gameti; la fusione dei gameti durante la fecondazione riaccoppia nuovamente i geni
- E Gli alleli di un gene risiedono nello stesso locus di ognuno dei due cromosomi omologhi

21 **Considerando il gatto, l'uomo e la locusta, si può dire che:**

- A il gatto e l'uomo appartengono al *phylum* dei carnivori
- B il gatto e la locusta appartengono al *phylum* degli emicefalocordati
- C tutte e tre le specie appartengono al *phylum* dei cordati
- D il gatto e la locusta appartengono al *phylum* dei cordati, l'uomo al *phylum* dei primati
- E il gatto e l'uomo appartengono al *phylum* dei cordati

22 **Le mandorle sono amare o dolci in base alla presenza e alla quantità di amigdalina, un composto che porta alla liberazione di acido cianidrico (cianuro), tossico anche in piccole quantità. Il sapore amaro probabilmente rappresenta un vantaggio poiché ne scoraggia il consumo. Le mandorle dolci, originatesi in seguito ad una mutazione che inibisce la produzione di amigdalina, furono raccolte dall'uomo, consumate e anche coltivate, dapprima casualmente, poi consapevolmente. Questo è un processo di:**

A selezione naturale
B speciazione
C produzione di organismi geneticamente modificati (OGM)
D selezione artificiale
E adattamento

23 **Per osmosi, l'acqua si sposta da:**

A una soluzione ipotonica verso una soluzione ipertonica
B una soluzione ipertonica a una soluzione isotonica
C una soluzione a un'altra per mezzo di sistemi biologici di pompaggio
D una soluzione isotonica a una ipotonica
E una soluzione ipertonica verso una soluzione ipotonica

24 **Le pareti cellulari degli eucarioti sono principalmente costituite da:**

A amminoacidi
B colesterolo
C trigliceridi
D fosfolipidi
E glucidi

25 **Per definizione, le arterie sono vasi sanguigni che:**

A trasportano il sangue dalla periferia al cuore
B hanno origine dal cuore
C trasportano il sangue dai reni al cuore
D sono dotati di valvole tricuspidi
E non sono mai circondati da muscolatura

26 **Quale delle seguenti sostanze è un neurotrasmettitore?**

A Glicogeno
B Bile
C Progesterone
D Acetilcolina
E Pepsina

27 **I centrioli si possono trovare:**

A nei centrosomi delle cellule animali
B nel nucleo delle cellule animali
C nel centromero delle cellule animali
D nel nucleolo delle cellule animali
E soltanto nelle cellule vegetali

SECONDA PROVA

28 **Se uno spermatozoo umano con cromosoma sessuale X feconda una cellula uovo a corredo cromosomico ignoto, il nascituro sarà:**

A impossibile da prevedere
B probabilmente femmina
C al 50% di probabilità femmina e al 50% maschio
D maschio
E femmina

29 **Il carattere "occhi scuri" è dominante sul carattere "occhi chiari". Da una coppia in cui il padre è omozigote con occhi chiari e la madre omozigote con occhi scuri, nasceranno figli:**

A 50% con occhi chiari e 50% con occhi scuri
B 75% con occhi scuri e 25% con occhi chiari
C 75% con occhi chiari e 25% con occhi scuri
D tutti con occhi scuri
E tutti con occhi chiari

30 **La diffusione facilitata:**

A è indipendente dal gradiente di concentrazione dei soluti
B avviene solo verso l'interno della membrana
C avviene solo verso l'esterno della membrana
D viene effettuata da proteine di membrana
E richiede ATP

31 **La membrana plasmatica ha uno spessore di:**

A 20 μm
B 1 mm
C 10 μm
D 0,07 nm
E 7 nm

32 **La clorofilla è:**

A un enzima
B un acido nucleico
C un pigmento fogliare
D un metabolita cellulare
E un prodotto della fotosintesi

33 **Secondo Planck la luce e le altre forme di energia sono "pacchetti" di:**

A fotoni
B bosoni
C quanti
D barioni
E elettroni

34 **Una semireazione di ossidazione è sempre caratterizzata da:**

A aumento del numero di elettroni
B aumento degli atomi di ossigeno
C perdita di atomi di idrogeno
D diminuzione del numero di ossidazione dell'elemento che si ossida
E perdita di elettroni

35 **Nel gruppo funzionale amminico primario è presente:**

A un atomo di ossigeno
B un atomo di azoto e due atomi di ossigeno
C un atomo di azoto e due atomi di idrogeno
D un alogeno
E un atomo di azoto e un atomo di ossigeno

36 **Dall'idratazione dell'etilene si ottiene:**

A etano
B alcol etilico
C etino
D etere etilico
E etanale

37 **I rapporti di concentrazione tra prodotti e reagenti di una miscela all'equilibrio:**

A sono uguali a 1
B sono pari alla costante di equilibrio della reazione a una certa temperatura
C indicano la velocità massima della reazione
D aumentano con l'aumentare della temperatura
E non cambiano mai

38 **Quante moli di soluto sono contenute in 5 litri di soluzione 0,2 M di acido fluoridrico HF (PM = 20)?**

A 1 mole
B 0,2 moli
C 5 moli
D 10 moli
E 2 mole

39 **Cosa indica il numero di Avogadro?**

A Il numero di atomi presenti in 2 grammi di carbonio
B Il numero di molecole presenti in un litro d'acqua
C Il numero di grammi di ossigeno presenti in una mole
D Un numero di grammi uguale al peso atomico o molecolare
E Il numero di molecole presenti in una mole

40 **Il numero di ossidazione dello zolfo nel composto $Na_2S_2O_4$ è:**

- A + 3
- B + 2,5
- C – 3
- D + 2
- E – 2

41 **Se una soluzione è satura di un soluto S:**

- A la quantità di soluto è ancora inferiore a quella massima che il solvente è in grado di sciogliere
- B la quantità del solvente è maggiore di quella del soluto
- C non può sciogliere altri soluti
- D la quantità di soluto è maggiore di quella del solvente
- E non può disciogliere altro soluto S alla stessa temperatura

42 **Quale delle seguenti soluzioni ha il pH minore?**

- A HCl 0,8 N
- B HCl 0,1 N
- C HCl 0,01 N
- D HCl 0,2 N
- E HCl 1 N

43 **La formula:**

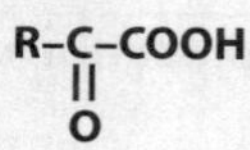

rappresenta:

- A un α-chetoacido
- B un α-amminoacido
- C un estere
- D un acido grasso
- E uno sterolo

44 **In un legame covalente omopolare gli elettroni sono distribuiti:**

- A in diversa misura tra atomi diversi
- B in egual misura tra atomi diversi
- C in egual misura tra atomi uguali
- D in diversa misura tra atomi uguali
- E solo su un atomo e non sull'altro

45 **Indicare la soluzione MENO concentrata tra le seguenti:**

- A 1 mole di soluto in 3 litri di soluzione
- B 2 moli di soluto in 10 litri di soluzione
- C 2 moli di soluto in 8 litri di soluzione
- D 1 mole di soluto in 1 litro di soluzione
- E 1 mole di soluto in 8 litri di soluzione

© Alpha Test

46 **Indicare la definizione di mole.**

A Quantità di molecole, atomi o ioni pari al peso molecolare

B Quantità di molecole, atomi o ioni pari alla molarità della soluzione

C Quantità di molecole, atomi o ioni pari al numero di Avogadro

D Peso molecolare pari al numero di Avogadro

E Rapporto tra numero di Avogadro e peso molecolare

47 **Data la reazione chimica $NH_3 \rightarrow H_2 + N_2$, quali sono i coefficienti stechiometrici che permettono di bilanciarla?**

A 2, 2, 3 B 2, 3, 3 C 1, 2, 1 D 3, 1, 3 E 2, 3, 1

48 **Qual è la probabilità di indovinare almeno una risposta, rispondendo a caso a due quesiti con tre alternative ciascuno, di cui una sola corretta?**

A 2/3 B 5/9 C 1/3 D 4/9 E 1/9

49 **Date le funzioni:**

$$f(x) = (x+2)^2 \quad e \quad g(x) = x^2 + 4$$

quale delle seguenti affermazioni è vera?

A Coincidono se e solo se $x = 0$

B Coincidono per ogni valore di x

C I loro grafici sono due parabole con i vertici coincidenti

D Entrambi i loro grafici passano per il punto (–2; 0)

E I loro grafici sono simmetrici rispetto all'asse delle ascisse

50 **La somma delle aree di due quadrati è 10 e la differenza tra i loro perimetri è 8. Quanto è lungo il lato del quadrato più piccolo?**

A 1 B 2 C 3 D 5 E 8

51 **Dato un sistema di riferimento cartesiano Oxy, quanto misura in m^2 l'area del cerchio delimitato dalla circonferenza di equazione $x^2 + y^2 - 4x + 2y + 1 = 0$?**

A 2π m^2

B 4π m^2

C 1 m^2

D π m^2

E Non è possibile calcolarla

52 **Quanto vale la miliardesima parte di 10^{-5}?**

A 10^{-4}

B 10^{4}

C 10^{45}

D 10^{-14}

E Nessuna delle altre risposte è corretta

53 **Per determinare due numeri il cui prodotto è –5 e la cui somma è 7, quale delle seguenti equazioni si deve risolvere?**

A $x^2 + 5x + 7 = 0$
B $x^2 + 7x - 5 = 0$
C $x^2 - 7x - 5 = 0$
D $x^2 - 5x + 7 = 0$
E $x^2 - 7x + 5 = 0$

54 **Se:**

$$a = \ln 6 \quad b = \ln 2 \quad c = \ln 18$$

qual è il valore di $\frac{b-a}{c-a}$?

A –1/4 B –1/2 C 1/2 D 2 E –1

55 **Quanti millimetri cubici sono contenuti in un millilitro?**

A 1 B 10 C 100 D 1000 E 10.000

56 **Un satellite di massa *m* percorre un'orbita circolare di raggio *r* intorno alla Terra (massa *M*). Quanto lavoro svolge la forza di gravità in un quarto di orbita?**

A $\frac{mgr}{4}$
B $\frac{mgr}{2}$
C $\frac{1}{4} \cdot G \cdot \frac{Mm}{r^2}$
D $\frac{1}{4} \cdot G \cdot \frac{Mm}{r}$
E Zero

57 **Un mobile di 32 kg viene spinto orizzontalmente con velocità costante per 6 metri da un traslocatore. Trascurando gli attriti, quale lavoro compie l'uomo contro la forza peso?**

A 0 J
B Circa 1900 J
C Circa 1900 W
D Circa –1900 W
E Dipende dalla velocità

58 **Una certa massa di un gas perfetto subisce una trasformazione adiabatica. Quale delle seguenti situazioni è compatibile con questo tipo di trasformazione?**

A Il lavoro è compiuto sul gas, l'energia interna aumenta e l'energia scambiata sotto forma di calore è zero
B Il lavoro è compiuto sul gas, l'energia interna diminuisce e l'energia scambiata sotto forma di calore è zero
C Nessun lavoro viene compiuto dal gas o sul gas, l'energia interna aumenta e l'energia viene trasferita al gas tramite riscaldamento
D Il lavoro è compiuto dal gas, l'energia interna rimane costante e l'energia viene trasferita al gas sotto forma di calore
E Nessun lavoro viene compiuto dal gas o sul gas, l'energia interna diminuisce e l'energia viene ceduta dal gas sotto forma di calore

 © Alpha Test

59 **È possibile che un corpo che si muove di moto uniforme sia dotato di accelerazione?**

- A No, mai
- B Sì, se il moto è rettilineo
- C Sì, se la traiettoria è curva
- D Sì, se il corpo è sottoposto alla forza peso
- E No, se la velocità è molto piccola

60 **Due corpi aventi lo stesso volume e la stessa densità hanno:**

- A la stessa superficie
- B la stessa capacità termica
- C la stessa carica elettrica
- D la stessa massa
- E lo stesso numero di atomi

Soluzioni della seconda prova

Alpha Test — Risposte esatte della seconda prova

Verificare le risposte relative alle domande della seconda prova

	A	B	C	D	E		A	B	C	D	E		A	B	C	D	E
1	□	□	□	■	□	21	□	□	□	□	■	41	□	□	□	□	■
2	□	■	□	□	□	22	□	□	□	■	□	42	□	□	□	□	■
3	□	□	□	■	□	23	■	□	□	□	□	43	■	□	□	□	□
4	□	□	□	■	□	24	□	□	□	□	■	44	□	□	■	□	□
5	■	□	□	□	□	25	□	■	□	□	□	45	□	□	□	□	■
6	□	□	□	■	□	26	□	□	□	■	□	46	□	□	■	□	□
7	□	□	□	□	■	27	■	□	□	□	□	47	□	□	□	□	■
8	□	□	■	□	□	28	□	□	□	□	■	48	□	■	□	□	□
9	■	□	□	□	□	29	□	□	□	■	□	49	■	□	□	□	□
10	□	□	□	■	□	30	□	□	□	■	□	50	■	□	□	□	□
11	□	□	■	□	□	31	□	□	□	□	■	51	□	■	□	□	□
12	□	□	□	■	□	32	□	□	■	□	□	52	□	□	□	■	□
13	□	□	□	□	■	33	■	□	□	□	□	53	□	□	■	□	□
14	■	□	□	□	□	34	□	□	□	□	■	54	□	□	□	□	■
15	□	■	□	□	□	35	□	□	■	□	□	55	□	□	□	■	□
16	□	□	■	□	□	36	□	■	□	□	□	56	□	□	□	□	■
17	■	□	□	□	□	37	□	■	□	□	□	57	■	□	□	□	□
18	□	■	□	□	□	38	■	□	□	□	□	58	■	□	□	□	□
19	□	□	■	□	□	39	□	□	□	□	■	59	□	□	■	□	□
20	■	□	□	□	□	40	■	□	□	□	□	60	□	□	□	■	□

Simulazioni

TERZA PROVA

Scheda delle risposte

Alpha Test

Scheda per le risposte della terza prova

Contrassegnare le risposte relative alle domande della terza prova

	A	B	C	D	E		A	B	C	D	E		A	B	C	D	E
1	▢	▢	▢	▢	▢	21	▢	▢	▢	▢	▢	41	▢	▢	▢	▢	▢
2	▢	▢	▢	▢	▢	22	▢	▢	▢	▢	▢	42	▢	▢	▢	▢	▢
3	▢	▢	▢	▢	▢	23	▢	▢	▢	▢	▢	43	▢	▢	▢	▢	▢
4	▢	▢	▢	▢	▢	24	▢	▢	▢	▢	▢	44	▢	▢	▢	▢	▢
5	▢	▢	▢	▢	▢	25	▢	▢	▢	▢	▢	45	▢	▢	▢	▢	▢
6	▢	▢	▢	▢	▢	26	▢	▢	▢	▢	▢	46	▢	▢	▢	▢	▢
7	▢	▢	▢	▢	▢	27	▢	▢	▢	▢	▢	47	▢	▢	▢	▢	▢
8	▢	▢	▢	▢	▢	28	▢	▢	▢	▢	▢	48	▢	▢	▢	▢	▢
9	▢	▢	▢	▢	▢	29	▢	▢	▢	▢	▢	49	▢	▢	▢	▢	▢
10	▢	▢	▢	▢	▢	30	▢	▢	▢	▢	▢	50	▢	▢	▢	▢	▢
11	▢	▢	▢	▢	▢	31	▢	▢	▢	▢	▢	51	▢	▢	▢	▢	▢
12	▢	▢	▢	▢	▢	32	▢	▢	▢	▢	▢	52	▢	▢	▢	▢	▢
13	▢	▢	▢	▢	▢	33	▢	▢	▢	▢	▢	53	▢	▢	▢	▢	▢
14	▢	▢	▢	▢	▢	34	▢	▢	▢	▢	▢	54	▢	▢	▢	▢	▢
15	▢	▢	▢	▢	▢	35	▢	▢	▢	▢	▢	55	▢	▢	▢	▢	▢
16	▢	▢	▢	▢	▢	36	▢	▢	▢	▢	▢	56	▢	▢	▢	▢	▢
17	▢	▢	▢	▢	▢	37	▢	▢	▢	▢	▢	57	▢	▢	▢	▢	▢
18	▢	▢	▢	▢	▢	38	▢	▢	▢	▢	▢	58	▢	▢	▢	▢	▢
19	▢	▢	▢	▢	▢	39	▢	▢	▢	▢	▢	59	▢	▢	▢	▢	▢
20	▢	▢	▢	▢	▢	40	▢	▢	▢	▢	▢	60	▢	▢	▢	▢	▢

© Alpha Test

TERZA PROVA

Tempo a disposizione: 100 minuti – Tempo consigliato: 90 minuti

Ragionamento logico, competenze di lettura e conoscenze acquisite negli studi

Leggi il brano e rispondi alla domanda che segue.

E chi l'ha detto che i grandi trail devono per forza svilupparsi sulle cime innevate. Il mare ha il suo fascino, soprattutto se è circondato da monti e da squarci di paesaggio indimenticabili. Come ad esempio accade sulla splendida Costa Azzurra, tra il Massiccio del Mercantour e la metropoli di [1]: è questo lo scenario naturale che ospiterà Nice Côte d'Azur by UTMB, dal 22 al 25 settembre. Sono iscritti quattromila skyrunner da tutto il mondo, l'evento è già uno dei primi cinque in [2] in termini di partecipazione.

Il percorso è un viaggio dentro la bellezza del territorio. Dalle cime cristalline del Massiccio del Mercantour alla Costa Azzurra con il traguardo sull'iconica Promenade des Anglais di [1], i runner del cielo potranno godere di un'ampia varietà di paesaggi e mettersi alla prova su 4 percorsi da 17, 59, 111 chilometri e 100 miglia con itinerari perfetti per tutti, dai principianti ai campioni di tutto il mondo. Dalle montagne al mare, i corridori attraverseranno splendide foreste, laghi e valli incontaminate prima di tagliare il traguardo e rinfrescarsi nel Mar Mediterraneo.

(www.runnerworld.it, settembre 2022)

1 **Quale alternativa completa correttamente il brano?**

A [1] Montecarlo; [2] Italia
B [1] Barcellona [2] Spagna
C [1] Nizza; [2] Francia
D [1] Marsiglia; [2] Francia
E [1] Saint Tropez; [2] Europa

2 **Quale termine può essere associato ad entrambe le seguenti definizioni?**
"Modo di vivere in relazione alle condizioni e possibilità economiche"
"La più acuta delle voci maschili"

A Livello
B Baritono
C Basso
D Tenore
E Tasso

3 **Quale tra le seguenti personalità politiche italiane NON è mai stato eletto Presidente della Repubblica?**

- A Giuseppe Saragat
- B Giovanni Gronchi
- C Carlo Azeglio Ciampi
- D Luigi Einaudi
- E Giovanni Spadolini

4 **"Lasciatemi così/ come una cosa posata/ in un angolo e dimenticata. Sto con le quattro/ capriole di fumo del focolare"**
Chi è l'autore dei celebri versi citati?

- A Giuseppe Ungaretti
- B Eugenio Montale
- C Alberto Moravia
- D Gabriele D'Annunzio
- E Giosue Carducci

5 **Giorgio acquista per il regalo di compleanno per Alice degli smalti per unghie di una famosa marca francese. Fortunatamente per Giorgio Alice compie gli anni nel mese di agosto e il grande magazzino in cui Giorgio deve effettuare l'acquisto vende gli smalti con uno sconto del 30%. Inoltre ad ogni cliente in possesso della tessera fedeltà del magazzino viene applicato un ulteriore sconto del 20% sul prezzo scontato degli articoli in vendita. Se Giorgio, che possiede la tessera fedeltà, spende per l'acquisto del regalo per Alice 33,60 € qual è il prezzo di vendita, in euro, non scontato dello smalto?**

- A 67,2
- B 42
- C 76,4
- D 60
- E 85

6 **Se Anna guarda la televisione, allora fuori piove.**
Se la precedente affermazione è vera, allora è anche vero che:

- A se Anna non guarda la televisione allora vuol dire che fuori non piove
- B se fuori piove allora Anna sta guardando la televisione
- C la televisione è accesa mentre fuori c'è il sole
- D se fuori c'è il sole, allora Anna ha la televisione spenta
- E se fuori non piove allora Anna guarda la televisione

7 **Un aeroplano parte da A diretto verso B che dista 1600 km. Quando deve percorrere gli ultimi 600 km del viaggio ha ancora mezz'ora di tempo per non arrivare in ritardo. Per riuscirci il comandante sa di dover aumentare del 20% la velocità di crociera. In quanto tempo l'aeroplano ha percorso il primo tratto del viaggio?**

- A Un'ora
- B Un'ora e mezza
- C Cinquanta minuti
- D Mezz'ora
- E 1000 km/h

 © Alpha Test

8 **Se sono necessarie quattro persone e un giorno per trovare un ago in un pagliaio, quanti giorni sarebbero necessari a otto persone per trovare gli aghi in sei pagliai?**

A 2
B 3,5
C 1,5
D 3
E 4

9 **Individuare il numero mancante: 92, 85, 78, 71, ?**

A 69
B 66
C 68
D 59
E 64

Biologia, chimica, matematica e fisica

10 **Quanti geni possiede un uomo?**

- A Uno
- B Quarantasei
- C Ventitré
- D Decine di migliaia
- E Dieci

11 **Nell'embrione, da cosa ha origine il sistema nervoso centrale?**

- A Dall'ectoderma
- B Dall'endoderma
- C Dal mesoderma
- D Dal derma
- E Dall'epidermide

12 **Una cellula con 20 coppie di cromosomi entra in mitosi. Ciascuna delle due cellule figlie avrà un numero di cromosomi pari a:**

- A 80
- B 5
- C 40
- D 20
- E 10

13 **In quale delle seguenti alternative entrambi gli animali indicati sono omeotermi?**

- A Aquila – trota
- B Scimpanzé – rana
- C Ornitorinco – anatra
- D Delfino – salamandra
- E Gallina – scorpione

14 **I globuli rossi del sangue, dopo la nascita, sono prodotti:**

- A nella milza
- B nel fegato
- C nel cuore
- D nel midollo spinale
- E nel midollo osseo

15 **Se la temperatura corporea di un individuo supera i 37°C, i sistemi di controllo dell'omeostasi fanno sì che nel suo organismo si verifichi:**

A assenza di sudorazione
B costrizione dei vasi sanguigni
C aumento dell'attività respiratoria
D diminuzione del flusso sanguigno verso l'apparato cutaneo
E dilatazione dei vasi sanguigni

16 **Un muscolo dell'arto inferiore è:**

A il sartorio
B lo splenio
C la rotula
D il tricipite
E il trapezio

TERZA PROVA

17 **Nei mammiferi, una malattia ereditaria dovuta a un difetto di un gene mitocondriale:**

A viene ereditata soltanto dai figli maschi
B viene ereditata soltanto per via materna
C viene ereditata soltanto dalle figlie femmine
D si trasmette con un salto di generazione
E si trasmette come un gene recessivo

18 **Quale tra le seguenti affermazioni riguardanti l'impulso nervoso è FALSA?**

A Nel neurone a riposo, il citoplasma che si trova subito sotto la membrana ha carica negativa, il liquido extracellulare all'esterno della membrana ha carica positiva
B In condizione di riposo, la concentrazione di Na^+ è maggiore all'interno del neurone rispetto all'esterno
C Per mantenere il potenziale di riposo è fondamentale una proteina di membrana chiamata pompa del sodio-potassio
D Il potenziale d'azione raggiunge un valore massimo di circa +35mV
E Il potenziale di riposo è di circa –70 mV

19 **Quali sono le cellule del sistema immunitario deputate a produrre le immunoglobuline (o anticorpi)?**

A I monociti
B I linfociti B
C I globuli rossi
D I macrofagi
E I linfociti T

20 **La malattia emolitica del neonato da anti-D può verificarsi più facilmente se:**

A la madre è Rh (D) positiva e il padre Rh (D) negativo
B la madre e il padre sono entrambi Rh (D) negativi
C la madre e il padre sono entrambi Rh (D) positivi
D la madre è Rh (D) negativa e il padre Rh (D) positivo
E la madre e il feto sono entrambi Rh (D) negativi

21 **Che cos'è la bile?**

- A Un liquido prodotto dal fegato che facilita la digestione dei grassi
- B Un liquido prodotto dai reni come sostanza di rifiuto
- C Il liquido che scorre all'interno dei vasi linfatici
- D Un ormone
- E Un neurotrasmettitore

22 **Quale organo produce la proteina albumina?**

- A Pancreas
- B Cistifellea
- C Fegato
- D Cuore
- E Surrene

23 **Quale tra le seguenti affermazioni, in merito ai gemelli, è corretta?**

- A I gemelli monozigoti hanno necessariamente lo stesso sesso, gli eterozigoti no
- B I gemelli, sia omozigoti, sia eterozigoti, hanno necessariamente lo stesso gruppo sanguigno
- C I gemelli eterozigoti hanno fenotipo diverso ma genotipo identico
- D I gemelli eterozigoti nascono da cellule uovo diverse fecondate dallo stesso spermatozoo
- E I gemelli monozigoti hanno lo stesso fenotipo ma possono avere genotipo diverso

24 **Quale reazione catalizza l'enzima trascrittasi inversa?**

- A La traduzione dell'RNA in senso inverso
- B La trascrizione del DNA partendo dalla sequenza di terminazione e procedendo verso il promotore
- C La trascrizione dell'mRNA a partire da uno stampo a DNA
- D La trascrizione di DNA batterico utilizzando RNA come stampo
- E La trascrizione di DNA utilizzando RNA virale come stampo

25 **Il daltonismo è una malattia ereditaria recessiva legata al cromosoma X; i figli maschi di una coppia di genitori in cui la madre è portatrice sana e il padre è sano hanno una probabilità di essere ammalati pari a:**

- A 100%
- B 75%
- C 25%
- D 50%
- E 0%

26 **Le proteine:**

- A possono presentare quattro ordini di struttura
- B presentano solo struttura primaria e secondaria
- C presentano tutte una struttura quaternaria
- D hanno una struttura secondaria in cui sono presenti solo legami covalenti
- E hanno una struttura primaria che ne determina l'attività biologica

27 **Quale dei seguenti fattori non è necessario alla pianta per compiere la fotosintesi?**

A Acqua
B Azoto
C Luce
D Anidride carbonica
E Clorofilla

28 **Il contenuto normale in globuli rossi del sangue umano è:**

A 5000 - 6000 cellule per mm^3
B oltre 10.000.000 di cellule per mm^3
C 5000 - 6000 cellule per cm^3
D 4.000.000 - 5.000.000 di cellule per mm^3
E 500.000 cellule per mm^3

TERZA PROVA

29 **L'esatto ordine degli stadi della vita di un insetto è:**

A pupa, larva, uovo, adulto
B uovo, pupa, larva, adulto
C uovo, larva, pupa, adulto
D larva, uovo, pupa, adulto
E pupa, uovo, larva, adulto

30 **Le vitamine sono:**

A sostanze essenziali che l'organismo può produrre in maniera autonoma
B sostanze estranee di importanza secondaria per l'organismo
C sostanze importanti per l'organismo assunte con la dieta
D sostanze con grande importanza energetica
E sostanze importanti per l'organismo, prodotte solo dall'industria farmaceutica

31 **Quale tra le seguenti affermazioni riferite alle coste dell'uomo NON è corretta?**

A S'innalzano durante l'inspirazione
B Danno inserzione ai muscoli dell'addome
C Danno inserzione al diaframma
D Sono ossa lunghe
E Danno inserzione ai muscoli pettorali

32 **La faringe nell'uomo:**

A si trova tra la laringe e la trachea
B presenta nella sua parte media le corde vocali
C permette solo il passaggio dell'aria
D permette solo il passaggio del bolo alimentare
E riceve lo sbocco delle cavità nasali

33 **In quale dei seguenti composti è presente una catena di 2 atomi di carbonio?**

A Butanolo
B Aldeide acetica
C Propan-2-olo
D Pentene
E Butano

34 **Una delle seguenti affermazioni riferita al benzene è ERRATA. Indicarla.**

- A La sua forma è quella di un esagono regolare
- B La sua molecola contiene 6 atomi di carbonio ibridati sp^2
- C I legami fra atomi di carbonio hanno tutti la stessa lunghezza
- D Gli angoli di legame sono di circa 120°
- E La sua molecola contiene 6 atomi di carbonio ibridati *sp*

35 **Che cos'è la cromatografia?**

- A Un metodo per separare le sostanze chimiche in miscela
- B Un metodo per colorare i composti chimici
- C Un metodo per riconoscere le sostanze chimiche facendole reagire col cromo
- D Un metodo di scrittura chimica
- E Un metodo per rilevare le proprietà ottiche delle sostanze

36 **Indicare il nome corretto del composto $Fe(ClO_4)_3$.**

- A Ipoclorito ferrico
- B Cloruro ferroso
- C Perclorato ferrico
- D Ipoclorito ferroso
- E Perclorato ferroso

37 **Quale massa ha un atomo formato da 9 protoni, 10 neutroni, 9 elettroni?**

- A Circa 9 u.m.a.
- B Circa 19 u.m.a.
- C Circa 10 u.m.a.
- D Circa 28 u.m.a.
- E Circa 18 u.m.a.

38 **Indicare la molarità della soluzione formata da 9,2 g di glicerolo (peso molecolare 92) in 200 millilitri di soluzione.**

- A 0,5 M
- B 1 M
- C 2 M
- D 9,2 M
- E 0,2 M

39 **Il cloro ha numero di ossidazione –1 nel seguente composto:**

A $HClO$ B HCl C Cl_2 D $HClO_4$ E $HClO_3$

40 **Calcolare i coefficienti stechiometrici della reazione:**

$$a\,P + b\,HNO_3 + c\,H_2O \rightarrow d\,H_3PO_4 + e\,NO$$

- A a=3; b=10; c=2; d=3; e=5
- B a=1; b=5; c=2; d=3; e=5
- C a=3; b=5; c=1; d=3; e=5
- D a=3; b=5; c=2; d=3; e=5
- E a=3; b=5; c=1; d=3; e=5

TERZA PROVA

41 **Lo ione negativo di un atomo deriva:**

A dalla perdita di un protone
B dall'acquisto di uno o più elettroni
C dalla perdita di un neutrone
D dall'acquisto di un neutrone e di un elettrone
E dalla trasformazione di un protone in elettrone

42 **La maggiore concentrazione di ioni OH^- è presente a pH:**

A 2
B 5
C 8
D 7
E 11

TERZA PROVA

43 **Per neutralizzare a solfato di sodio l'acido solforico (PM = 98) contenuto in 100 ml di una soluzione 0,1 molare è necessaria una quantità di idrossido di sodio (PM = 40) pari a:**

A 0,01 moli
B 0,02 moli
C 4 grammi
D 19 grammi
E 9,8 grammi

44 **Completare in modo corretto l'espressione: l'effetto di un catalizzatore positivo su una reazione di equilibrio è quello di...:**

A aumentare l'energia di attivazione
B diminuire l'energia di attivazione
C aumentare il valore della costante di equilibrio
D diminuire il valore della costante di equilibrio
E far avvenire reazioni altrimenti impossibili

45 **Quale, tra le seguenti coppie di sostanze, forma sempre una miscela omogenea a pressione e temperatura ambiente?**

A Acqua e anidride carbonica
B Diazoto e diossigeno
C Acqua e olio
D Acqua e zolfo
E Ferro e carbonio

46 **Qual è il motivo per cui l'elettronegatività diminuisce scendendo lungo un gruppo della tavola periodica?**

A Perché diminuisce il raggio atomico
B Perché diminuisce la tendenza a perdere elettroni
C Perché aumenta il raggio atomico
D Perché aumentano le forze di attrazione tra il nucleo e gli elettroni di valenza
E Perché diminuisce il carattere metallico

© Alpha Test

47 **Quale tra le seguenti è la formula chimica del 2-metil-1-butanolo?**

A $CH_3CH_2CH(CH_3)CH_2OH$
B $CH_3CH_2CH(OH)CH_2CH_3$
C $(CH_3)_2CHCH_2CH_2OH$
D $CH3CH_2CH_2CH_2CH_2OH$
E $(CH_3)_2CH–O–CH_2CH_3$

48 **Nel piano cartesiano qual è la pendenza (o coefficiente angolare) della retta che passa per i punti (5; 0) e (0; 2)?**

A 5/2
B 2/5
C −2/5
D −3
E 3

49 **Un triangolo rettangolo ha i cateti di lunghezza 1 e $\sqrt{3}$.**
Qual è la lunghezza dell'altezza relativa all'ipotenusa?

A 2
B $\frac{\sqrt{3}}{2}$
C $\sqrt{2}$
D $\frac{\sqrt{2}}{2}$
E $\frac{3}{2}$

50 **Alessandra e Marcella giocano con una moneta e un dado a sei facce. Alessandra vince se escono testa e un numero pari. Marcella vince se esce croce o il numero 3 (o entrambi). Negli altri casi pareggiano.**
Qual è la probabilità che pareggino?

A 1/3
B 1/4
C 1/6
D 1/12
E 5/6

51 **Anna ha nel suo cassetto 30 canottiere, alcune bianche, altre nere e altre con una fantasia. Scegliendo a caso una canottiera, la probabilità che sia nera è 1/3 e la probabilità che sia bianca è il triplo della probabilità che abbia una fantasia. Qual è la probabilità che estraendo una canottiera Anna ne prenda una bianca?**

A 1/6
B 4/3
C 1/3
D 2/3
E 1/2

52 **La probabilità che una macchina produca un pezzo difettoso è del 10%. Qual è la probabilità che la macchina produca uno dopo l'altro due pezzi non difettosi?**

A 0,9
B 0,18
C 0,81
D 0,8
E 0,01

53 **Un gruppo di persone è composto da 7 donne e 3 uomini e il loro peso medio è 69,8 kg. Il peso medio delle 7 donne è 65 kg.**

Quanto pesano, in media, i 3 uomini?

A 74 kg
B 74,6 kg
C 81 kg
D 82,5 kg
E 85,2 kg

54 **In palestra utilizzate una fascia elastica per rinforzare i vostri muscoli. Supponete, con buona approssimazione, che la fascia si comporti come una molla di costante elastica K = 8 N/m. Nell'esercizio estendete la fascia di 50 cm, con una frequenza di 30 volte al minuto. Che potenza state applicando in media sulla fascia?**

A 0,25 W
B 2 W
C 0,125 W
D 1 W
E 0,5 W

55 **Spostate una piccola carica elettrica $+q$ da una faccia all'altra di un condensatore C. La differenza di potenziale ai capi del condensatore è V. Quanto lavoro (in valore assoluto) costa spostare la carica $+q$?**

A $C \cdot V^2$
B $C \cdot V$
C q/V
D $q \cdot C$
E $q \cdot V$

56 **Un pendolo, costituito da un filo inestensibile al quale è appesa una massa, oscilla con un periodo T. Come possiamo dimezzare T?**

A Riducendo di quattro volte la lunghezza del filo
B Aumentando di quattro volte la lunghezza del filo
C Raddoppiando la massa appesa al filo
D Aumentando di quattro volte la massa appesa al filo
E Dimezzando la lunghezza del filo

© Alpha Test

57 **Un cubetto di ghiaccio di massa 1 g fonde a 0 °C. Quale di queste affermazioni è corretta?**

A Il ghiaccio fondendo diminuisce la sua temperatura
B Il ghiaccio fondendo riceve calore dall'ambiente
C Il ghiaccio fondendo aumenta la sua temperatura
D Il ghiaccio fondendo non cede né riceve calore
E Il ghiaccio fondendo cede calore all'ambiente

58 **Qual è la minima potenza che deve avere un congelatore per trasformare in ghiaccio in 20 minuti un litro d'acqua che si trova a 15 °C?**

A 3,31 kW
B 397 kJ
C 15 kcal
D 331 W
E 165 W

59 **Per fermare una monoposto di massa 500 kg che viaggia a 144 km/h si deve compiere un lavoro pari a:**

A $-7{,}20 \times 10^4$ J
B $3{,}60 \times 10^4$ J
C $-2{,}00 \times 10^4$ J
D $-4{,}00 \times 10^5$ J
E $8{,}00 \times 10^5$ J

60 **Detti t_L e t_T i tempi di caduta di due gravi dalla stessa altezza rispettivamente sulla Luna e sulla Terra, dove le accelerazioni di gravità sono g_L e g_T, quale delle seguenti relazioni è esatta?**

A $t_L/t_T = g_L/g_T$
B $t_L/t_T = g_T/g_L$
C $t_L/t_T = (g_L/g_T)^2$
D $t_L/t_T = (g_T/g_L)^2$
E $(t_L/t_T)^2 = g_T/g_L$

Soluzioni della terza prova

Alpha Test — **Risposte esatte della terza prova**

Verificare le risposte relative alle domande della terza prova

	A	B	C	D	E
1			■		
2				■	
3					■
4	■				
5				■	
6				■	
7	■				
8				■	
9					■
10				■	
11	■				
12			■		
13			■		
14					■
15					■
16	■				
17		■			
18		■			
19		■			
20				■	
21	■				
22			■		
23	■				
24					■
25				■	
26	■				
27		■			
28				■	
29			■		
30			■		
31				■	
32					■
33		■			
34					■
35	■				
36			■		
37		■			
38	■				
39		■			
40				■	
41		■			
42					■
43		■			
44		■			
45		■			
46			■		
47	■				
48			■		
49		■			
50			■		
51					■
52			■		
53			■		
54					■
55					■
56	■				
57		■			
58				■	
59				■	
60					■

Simulazioni

QUARTA PROVA

Scheda delle risposte

Alpha Test

Scheda per le risposte della quarta prova

Contrassegnare le risposte relative alle domande della quarta prova

	A	B	C	D	E		A	B	C	D	E		A	B	C	D	E
1						21						41					
2						22						42					
3						23						43					
4						24						44					
5						25						45					
6						26						46					
7						27						47					
8						28						48					
9						29						49					
10						30						50					
11						31						51					
12						32						52					
13						33						53					
14						34						54					
15						35						55					
16						36						56					
17						37						57					
18						38						58					
19						39						59					
20						40						60					

© Alpha Test

QUARTA PROVA

Tempo a disposizione: 100 minuti – Tempo consigliato: 90 minuti

Ragionamento logico, competenze di lettura e conoscenze acquisite negli studi

Leggere il brano e rispondere alle seguenti domande.

Non erigerò nuovi idoli [...]. Rovesciare gli idoli (il mio termine per ideali) – è questo piuttosto che attiene al mio mestiere. La realtà è stata spogliata del suo valore, del suo senso, della sua veracità, nella misura in cui si è inventato un mondo ideale. Il mondo reale e il mondo apparente – vedi: il mondo inventato e la realtà – ... La menzogna dell'ideale è stata fino ad ora la maledizione scagliata contro la realtà, l'umanità stessa è diventata per suo mezzo mendace e falsa, giù nei suoi istinti più sotterranei – fino al culto dei valori inversi rispetto a quelli per mezzo dei quali le sarebbe stata garantita la crescita, il futuro, il solenne diritto all'avvenire.

(Friedrich W. Nietzsche, *Ecce homo*)

1 Delle deduzioni tratte da questo pensiero di Nietzsche UNA È ARBITRARIA: quale?

- **A** "Idoli" per Nietzsche è sinonimo di valori menzogneri e perniciosi in quanto l'umanità, affascinata da loro, ha perso la capacità di crescere nella realtà
- **B** L'ideale non solo è privo di reale consistenza, ma è un'apparenza che impedisce il riconoscimento della realtà
- **C** Attratta dalla menzogna dell'ideale, l'umanità ha imparato a mentire a se stessa
- **D** L'ideale non solo distrae dalla realtà, ma le contrappone un sistema che le falsifica e soffoca
- **E** Contro gli idoli menzogneri e asfittici l'umanità, per liberarsi e salvarsi, deve erigerne altri, reali e vitali

2 Immaginate di dare un titolo a una relazione su Nietzsche che incomincia con la citazione sopra riportata: QUALE, tra i titoli proposti, SCARTERESTE subito in quanto fuorviante?

- **A** Contro tutti gli idoli, maledizione della realtà
- **B** L'umanità deve liberarsi di ogni principio morale
- **C** L'uomo deve riappropriarsi del proprio avvenire
- **D** Contro l'ascetismo
- **E** L'ideale opera come Circe: seduce e disumanizza

Rispondere alle seguenti domande.

3 **A quale scrittore italiano del Novecento si deve il ciclo narrativo *Il romanzo di Ferrara*?**

A Bassani
B Bevilacqua
C Bellonci
D Buzzati
E Baricco

4 **La Giunta regionale è l'organo:**

A giudiziario della Regione
B legislativo della Regione
C amministrativo della Regione
D esecutivo della Regione
E contabile della Regione

Risolvere i seguenti esercizi.

5 **Individuare, tra le cinque alternative proposte, quella che contiene l'unica affermazione deducibile dai dati contenuti nel grafico seguente.**

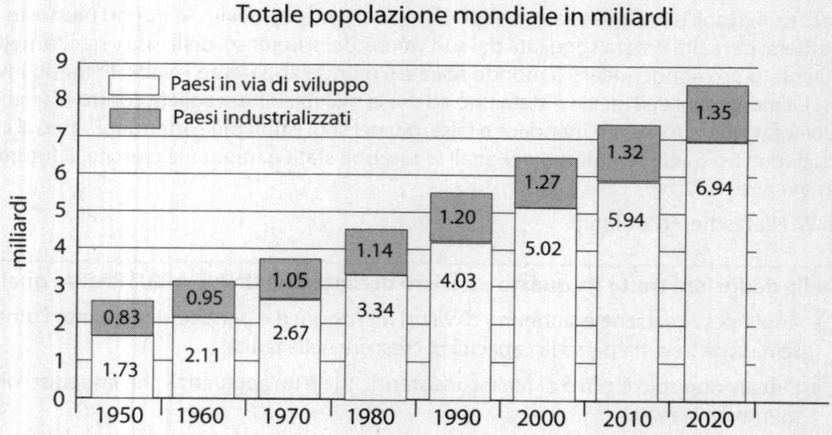

A Il tasso di crescita della popolazione mondiale ha iniziato a diminuire
B Tra il 1970 e il 1990 la popolazione mondiale è triplicata
C La popolazione dei Paesi industrializzati consuma la maggior parte delle risorse mondiali
D Nei prossimi anni il tasso di crescita della popolazione mondiale sarà prossimo allo zero
E La maggior parte della popolazione mondiale vive in Paesi in via di sviluppo

6 **Individuare il rapporto anomalo.**

A Astenia - vigore
B Fisiologia - patologia
C Monotonia - miotonia
D Fotofilia - fotofobia
E Genesi - agenesi

QUARTA PROVA

© Alpha Test

7 **All'ultimo concerto dei BTS in uno stadio di Seul che ha una capienza di 66.700 posti a sedere i posti sugli spalti rimasti vuoti erano i 2/5 dei posti totali. Michele e Tommaso che erano presenti all'evento assicurano che nel prato quelli che hanno assistito al concerto erano il 75% dei presenti sugli spalti. Quante persone erano presenti al concerto dei BTS?**

- A 33.350
- B 70.035
- C 46.690
- D 50.025
- E 66.700

8 **Una fotocopiatrice costa 2.400 euro più 2/3 del costo della fotocopiatrice stessa. Qual è la spesa totale per la fotocopiatrice?**

- A 3.600 euro
- B 6.625 euro
- C 1.600 euro
- D 7.200 euro
- E 4.000 euro

9 **L'anno scorso le automobili straniere importate in Italia sono state 250.000 mentre quest'anno sono salite del 40%. Quest'anno si è registrato un 30% di importazioni dal mercato giapponese. Quante sono state le auto straniere NON giapponesi importate quest'anno?**

- A 210.000
- B 245.000
- C 270.000
- D 420.000
- E 90.000

Biologia, chimica, matematica e fisica

10 La probabilità di avere un infarto è aumentata da alcuni fattori di rischio. Uno di questi è:

A la pelle troppo chiara
B l'anemia
C la pressione alta
D l'anoressia
E la glicemia

11 Il principale polisaccaride di riserva negli animali è:

A amido
B cellulosa
C glicogeno
D chitina
E amilosio

12 Quale delle seguenti sostanze non viene prodotta dall'uomo?

A Insulina
B Emoglobina
C Saccarosio
D Acidi nucleici
E Urea

13 La funzione dell'insulina è:

A regolare la contrazione dei muscoli
B regolare il metabolismo del glucosio
C regolare la coagulazione del sangue
D prevenire le infezioni batteriche
E prevenire il rigetto di organi

14 Un processo patologico che alteri il controllo della concentrazione di proteine ed elettroliti fra l'interno e l'esterno della cellula verosimilmente potrebbe essere localizzato:

A nel tubulo renale
B nella membrana cellulare
C nei mitocondri
D nei lisosomi
E nell'apparato di Golgi

15 **Un individuo di sesso maschile riceve il corredo genetico legato al cromosoma X:**

- A dal padre
- B da entrambi i genitori
- C dalla madre
- D un individuo di sesso maschile non possiede il cromosoma X
- E dal padre o dalla madre, casualmente

16 **La forma più frequente di ipercolesterolemia familiare è una malattia autosomica dominante. Che probabilità hanno due genitori entrambi affetti, in quanto eterozigoti per l'allele mutato, di generare un figlio sano?**

A 0% B 25% C 50% D 75% E 100%

17 **La piccola circolazione inizia:**

- A dall'atrio sinistro con la vena polmonare
- B dall'atrio destro con l'arteria polmonare
- C dal ventricolo sinistro con l'aorta
- D dal ventricolo destro con l'arteria polmonare
- E dal fegato con la vena porta

QUARTA PROVA

18 **Nei batteri, quale delle seguenti strutture rappresenta un organo per la conservazione della specie?**

- A La membrana citoplasmatica
- B I pili
- C La spora batterica
- D I flagelli
- E La parete cellulare

19 **Quali cellule possiedono sia mitocondri che cloroplasti?**

- A Procarioti
- B Cellule di mammiferi
- C Cellule di insetti
- D Cellule batteriche
- E Cellule vegetali

20 **"Composti chimici prodotti da cellule di un organismo capaci di agire, con funzione regolatrice, su *cellule bersaglio* dello stesso organismo". Questa definizione si riferisce a:**

- A anticorpi
- B ormoni
- C vitamine
- D enzimi
- E citocromi

21 **L'intestino tenue di un maschio adulto misura:**

- A 7 - 8 metri
- B un metro e mezzo
- C 20 metri
- D 10 metri
- E nessuna delle risposte precedenti

© Alpha Test

22 Cosa può essere un acido nucleico con la composizione seguente:

15% = A 20 % = T 30 % = C 35 % = G

A DNA a doppia elica
B RNA a singola elica
C DNA a singola elica
D RNA eterogeneo nucleare
E RNA ribosomale

23 L'esame emocromocitometrico comprende molti parametri oltre a quelli del numero di globuli rossi, globuli bianchi e piastrine per unità di volume. Alcuni di essi si dimostrano particolarmente utili nella diagnostica delle anemie. Il volume di un globulo rosso (MCV) è compreso tra 80 e 98 femtolitri (fL). Condizioni di ridotto o aumentato volume globulare sono definite rispettivamente microcitemia e macrocitemia. La concentrazione emoglobinica corpuscolare media (MCHC) è un parametro che definisce il rapporto tra l'emoglobina e l'ematocrito, è compresa normalmente tra 32 e 36 g/dL e valori aumentati o diminuiti definiscono rispettivamente condizioni di ipercromia o di ipocromia. L'anemia sideropenica (cioè da carenza di ferro) è solitamente una anemia ipocromica e microcitica. Quindi, tra le seguenti combinazioni di parametri, la più probabile in un soggetto con anemia da carenza di ferro conclamata è:

A MCV: 85 fL, MCHC: 34 g/dL
B MCV: 102 fL, MCHC: 32 g/dL
C MCV: 68 fL, MCHC: 35 g/dL
D MCV: 75 fL, MCHC: 30 g/dL
E MCV: 87 fL, MCHC: 31 g/dL

24 A seguito della duplicazione e prima che inizi la meiosi, ogni cromosoma risulta formato da:

A due coppie di centrioli
B due centromeri uniti per mezzo del cromatidio
C due cromatidi identici uniti a livello del centromero
D una tetrade formata dai quattro cromosomi omologhi
E un solo cromatidio

25 Il cervelletto si trova nel:

A prosencefalo, sotto al talamo
B mesencefalo
C prosencefalo, sopra al talamo
D rombencefalo
E midollo spinale

26 Quale delle seguenti informazioni relative ai virus è corretta?

A Sono eucarioti unicellulari
B Generalmente contengono un solo tipo di acido nucleico
C Sono capaci di effettuare replicazione autonoma
D Sono tutti capaci di metabolizzare molecole organiche
E Sono capaci di sintesi proteica autonoma

QUARTA PROVA

27 **Nel mondo, il bioma che ospita il maggior numero di specie è:**

- **A** il deserto
- **B** la taiga
- **C** la foresta tropicale
- **D** la savana
- **E** la macchia mediterranea

28 **I neurotrasmettitori sono:**

- **A** farmaci che inibiscono la propagazione dell'impulso nervoso
- **B** ormoni secreti da neuroni
- **C** ioni Ca^{2+} che permettono la propagazione dell'impulso nervoso
- **D** mediatori chimici che trasportano l'impulso nervoso
- **E** mediatori chimici della neuroipofisi

29 **In una pianta:**

- **A** le cellule dei tessuti fotosintetici possiedono cloroplasti, quelle dei tessuti di riserva mitocondri
- **B** le cellule vegetali non hanno mitocondri
- **C** tutte le cellule possiedono cloroplasti ma non mitocondri
- **D** tutte le cellule possiedono sia cloroplasti che mitocondri
- **E** le cellule dei tessuti fotosintetici possiedono sia cloroplasti che mitocondri

30 **In biologia, che cos'è la coniugazione?**

- **A** Il processo che assicura il trasferimento di materiale genetico tra due batteri
- **B** Il processo che assicura la ricombinazione genica negli eucarioti
- **C** Il trasporto attivo di sostanze da una cellula all'altra
- **D** Il trasporto di elettroni nella respirazione cellulare
- **E** La divisione cellulare nei procarioti

31 **Indicare quale delle seguenti affermazioni su un individuo omozigote per un determinato allele è errata.**

- **A** Può avere un fratello eterozigote
- **B** Ciascuna delle sue cellule somatiche possiede due copie dell'allele
- **C** Trasmette l'allele a tutti i suoi figli
- **D** I suoi genitori dovevano essere necessariamente omozigoti per quell'allele
- **E** Ciascuno dei suoi gameti maturi contiene una copia dell'allele

32 **Individuare nel seguente insieme di codoni genetici quello ERRATO.**

A UAA **B** GCC **C** AGG **D** UTT **E** CCC

33 **In un litro di soluzione 2 M di NH_4Br (PA di Br = 80) sono contenuti:**

- **A** 196 g di NH_4Br
- **B** 1 mole di NH_4Br
- **C** 98 g di NH_4Br
- **D** 1 eq di NH_4Br
- **E** 0,5 moli di NH_4Br

 © Alpha Test

34 **Un composto organico con formula bruta C_6H_6 può essere:**

A il benzene

B il dimetilciclobutano

C il metilpentano

D il dimetilbutano

E l'esano

35 **L'elemento radioattivo tecnezio si utilizza in campo medico. Indicare il numero di elettroni, protoni e neutroni in un atomo di $^{99}_{43}Tc$.**

A 43, 43, 43

B 43, 43, 56

C 43, 43, 57

D 43, 43, 58

E Nessuna delle altre risposte è corretta

36 **Quale di questi prodotti NON è un idocarburo?**

A Butino B Propano C Esano D Acetilene E Propanone

37 **Azoto e fosforo:**

A sono entrambi metalli

B appartengono entrambi al sesto gruppo del sistema periodico

C possiedono lo stesso numero di protoni nel nucleo

D possiedono lo stesso numero di elettroni nell'ultimo livello

E appartengono allo stesso periodo del sistema periodico

38 **Il valore massimo del numero di ossidazione del fosforo è:**

A –3

B +2

C +3

D +4

E +5

39 **La struttura elettronica del sodio (Z = 11) è la seguente:**

A $1s^2\ 2s^2\ 3s^2\ 3p^4\ 3d^1$

B $1s^2\ 2s^2\ 2p^6\ 3s^1$

C $1s^2\ 2s^2\ 2p^4\ 3s^2\ 3p^1$

D $1s^2\ 2s^2\ 2p^5\ 3s^2$

E $1s^1\ 2s^1\ 2p^6\ 3s^2\ 3p^3$

40 **Il fenolo è:**

A un alcol aromatico

B un chetone

C un'ammina

D un idrocarburo alifatico

E un acido carbossilico

QUARTA PROVA

41 **Data la seguente reazione di ossidoriduzione:**

$$MnO_2 + 4\,HCl \rightarrow MnCl_2 + Cl_2 + 2\,H_2O:$$

A il manganese si riduce, il cloro si ossida
B l'ossigeno si riduce, il cloro si ossida
C il manganese si ossida, l'ossigeno si riduce
D l'idrogeno si ossida, il manganese si riduce
E il manganese si ossida, il cloro si riduce

42 **Nella tavola periodica, un elemento che inizia un nuovo livello con un solo elettrone è un:**

A metallo alcalino
B gas nobile
C metallo
D metallo alcalino terroso
E alogeno

43 **Un legame covalente apolare è dato dalla:**

A cessione di uno o più elettroni da un atomo a un altro
B cessione da parte di un solo atomo della coppia di elettroni formanti il legame
C condivisione di due elettroni tra due atomi di diversa elettronegatività
D condivisione di due elettroni tra due atomi di uguale elettronegatività
E condivisione di un protone per ogni atomo

44 **Qual è il pH di una soluzione di HCl 0,00001molare?**

A 4
B 7
C 5
D 1
E 9

45 **Se si aumenta di 100 volte la concentrazione degli ioni [H_3O^+] in una soluzione con 6 come pH iniziale, quale pH finale si ottiene?**

A pH 10
B pH 4
C pH 2
D pH 8
E pH 7

46 **Quale delle seguenti molecole biatomiche NON si può formare?**

A HS
B HCl
C F_2
D CaO
E CO

QUARTA PROVA

© Alpha Test

47 **Nella formazione di una mole di CO_2 a partire da carbonio e ossigeno, secondo la reazione $C + O_2 \rightarrow CO_2$, si produce una quantità di calore pari a 93,6 kcal. La reazione può essere definita:**

- **A** spontanea
- **B** irreversibile
- **C** equilibrata
- **D** omogenea
- **E** esotermica

48 **Una funzione lineare ha equazione $f(x) = 3x - 4$. Calcola il rapporto tra $f(-2)$ e $f(4)$.**

- **A** 4/5
- **B** 5/4
- **C** –5/4
- **D** –4/5
- **E** –4/3

49 **Quante radici reali positive ha l'equazione $x^4 + x^2 - 2 = 0$?**

- **A** Nessuna
- **B** 1
- **C** 2
- **D** 3
- **E** Nessuna delle altre risposte è corretta

50 **Se $\mathrm{Log}\,P = p$ e $\mathrm{Log}\,Q = q$, allora $\mathrm{Log}\,\frac{P^2}{Q^R}$ vale:**

- **A** $2p - Rq$
- **B** $p^2 - q^R$
- **C** $\left(\frac{p}{q}\right)^{2-R}$
- **D** $2P + Q^R$
- **E** $2P - RQ$

51 **Lo spigolo di un cubo ha lunghezza 10 mm. Il volume del cubo, in m^3 ha misura:**

- **A** $3 \cdot 10^{-5}$
- **B** 10^{-15}
- **C** 100
- **D** 10^{-3}
- **E** 10^{-6}

52 **Il prodotto $\sqrt{2} \cdot \sqrt[3]{4} \cdot \sqrt[4]{8}$ è uguale a:**

- **A** 4
- **B** $2\sqrt[6]{2^5}$
- **C** $4\sqrt[6]{2^5}$
- **D** $2\sqrt[12]{2^{11}}$
- **E** $4\sqrt[12]{2^{11}}$

QUARTA PROVA

53 **Il polinomio $27x^3 + 8$ si fattorizza come:**

A $(3x + 2) \cdot (9x^2 - 6x + 4)$
B $(2x + 3) \cdot (4x^2 - 6x + 9)$
C $(3x - 2) \cdot (9x^2 + 6x + 4)$
D $(3x + 2) \cdot (9x^2 - 12x + 4)$
E $(3x - 2) \cdot (9x^2 + 12x + 4)$

54 **L'equazione $3 - e^{(x-1)} = 1$:**

A non ha soluzioni
B ha l'unica soluzione $x = \log_e 3$
C ha un'unica soluzione che è diversa da $x = \log_e 3$
D ha due soluzioni distinte
E ha infinite soluzioni

55 **Un'auto che viaggia alla velocità di 60 km/h possiede un'energia cinetica di 16.000 J. Se la velocità viene portata a 120 km/h, l'energia cinetica posseduta dall'auto diventa:**

A 8.000 J
B 32.000 J
C 64.000 J
D 90.000 J
E 128.000 J

56 **Un corpo puntiforme si muove sotto l'azione di una sola forza. Se questa forza raddoppiasse, che cosa si può affermare con certezza?**

A Lo spostamento sarebbe proporzionale al quadrato del tempo
B La velocità raddoppierebbe
C L'accelerazione raddoppierebbe
D L'energia cinetica raddoppierebbe
E La quantità di moto raddoppierebbe

57 **Un'automobile percorre 200 km viaggiando per 100 km alla velocità di 100 km/h e per 100 km alla velocità di 200 km/h. Qual è la sua velocità media?**

A 180 km/h
B 150 km/h
C 133 km/h
D 200 km/h
E 100 km/h

58 **Una carica elettrica positiva in riposo rispetto a un magnete:**

A è attratta verso il polo sud del magnete
B è attratta dal polo nord del magnete
C subisce una forza perpendicolare al campo H
D non subisce alcuna forza
E subisce una forza parallela al campo H

59 **Un corpo di massa 40 g e volume 50 ml viene posto alla profondità di 10 cm in un liquido di densità 0,7 g/cm^3. Quale delle seguenti affermazioni è corretta?**

- A Sale fino a galleggiare
- B Non sale né scende
- C Affonda
- D Prima sale e poi scende
- E Prima scende e poi sale

60 **Una resistenza di 3 ohm è attraversata da una corrente di 6 ampere. La tensione applicata agli estremi della resistenza è quindi pari a:**

- A 18 V
- B 12 V
- C 2 V
- D 0,5 V
- E 9 V

Soluzioni della quarta prova

Alpha Test

Risposte esatte della quarta prova

Verificare le risposte relative alle domande della quarta prova

	A	B	C	D	E
1	□	□	□	□	■
2	□	■	□	□	□
3	■	□	□	□	□
4	□	□	□	■	□
5	□	□	□	□	■
6	□	□	■	□	□
7	□	■	□	□	□
8	□	□	□	■	□
9	□	■	□	□	□
10	□	□	■	□	□
11	□	□	■	□	□
12	□	□	■	□	□
13	□	■	□	□	□
14	□	■	□	□	□
15	□	□	■	□	□
16	□	■	□	□	□
17	□	□	□	■	□
18	□	□	■	□	□
19	□	□	□	□	■
20	□	■	□	□	□
21	■	□	□	□	□
22	□	□	■	□	□
23	□	□	□	■	□
24	□	□	■	□	□
25	□	□	□	■	□
26	□	■	□	□	□
27	□	□	■	□	□
28	□	□	□	■	□
29	□	□	□	□	■
30	■	□	□	□	□
31	□	□	□	■	□
32	□	□	□	■	□
33	■	□	□	□	□
34	■	□	□	□	□
35	□	■	□	□	□
36	□	□	□	□	■
37	□	□	□	■	□
38	□	□	□	□	■
39	□	■	□	□	□
40	■	□	□	□	□
41	■	□	□	□	□
42	■	□	□	□	□
43	□	□	□	■	□
44	□	□	■	□	□
45	□	■	□	□	□
46	■	□	□	□	□
47	□	□	□	□	■
48	□	□	■	□	□
49	□	■	□	□	□
50	■	□	□	□	□
51	□	□	□	□	■
52	□	□	□	■	□
53	■	□	□	□	□
54	□	□	■	□	□
55	□	□	■	□	□
56	□	□	■	□	□
57	□	□	■	□	□
58	□	□	□	■	□
59	□	□	■	□	□
60	■	□	□	□	□

Simulazioni

QUINTA PROVA

Scheda delle risposte

Alpha Test

Scheda per le risposte della quinta prova

Contrassegnare le risposte relative alle domande della quinta prova

	A	B	C	D	E		A	B	C	D	E		A	B	C	D	E
1						21						41					
2						22						42					
3						23						43					
4						24						44					
5						25						45					
6						26						46					
7						27						47					
8						28						48					
9						29						49					
10						30						50					
11						31						51					
12						32						52					
13						33						53					
14						34						54					
15						35						55					
16						36						56					
17						37						57					
18						38						58					
19						39						59					
20						40						60					

© Alpha Test

QUINTA PROVA

Tempo a disposizione: 100 minuti – Tempo consigliato: 90 minuti

Ragionamento logico, competenze di lettura e conoscenze acquisite negli studi

Leggere il brano seguente e rispondere alle relative domande.

«La globalizzazione può essere una forza positiva: quella delle idee sulla democrazia e quella della società civile hanno cambiato il modo di pensare della gente, mentre i movimenti politici globali hanno portato alla cancellazione del debito e al trattato sulle mine antiuomo. [...] I paesi che hanno tratto i vantaggi più significativi sono comunque quelli che si sono resi artefici del loro destino, riconoscendo il ruolo che il governo può svolgere nello sviluppo, anziché affidarsi al concetto fallace di un mercato che, autoregolandosi, riuscirebbe a risolvere da solo tutti i suoi problemi. Ma per milioni di persone la globalizzazione non ha funzionato. Molti hanno visto peggiorare le loro condizioni di vita, hanno perso il lavoro, e con esso, ogni sicurezza. [...] Se continuerà a essere condotta così come è avvenuto in passato, se seguiteremo a non imparare nulla dai nostri errori, la globalizzazione non soltanto non riuscirà a promuovere lo sviluppo, ma continuerà a creare povertà e instabilità. [...] Per fortuna c'è una sempre maggiore consapevolezza di questi problemi e una crescente volontà politica di fare qualcosa».

(Joseph E. Stiglitz, *La globalizzazione e i suoi oppositori*, 2002)

1 Stiglitz, vincitore nel 2001 del premio Nobel per l'economia, nel libro da cui è tratta questa citazione analizza il fenomeno della globalizzazione. Individuate IL SOLO dei giudizi qui elencati che NON È FONDATO su una attenta lettura del passo riportato:

- A ritiene che i vantaggi siano finora stati molto maggiori degli svantaggi, generalmente circoscritti
- B riconosce al fenomeno molti effetti positivi, non solo economici
- C tiene presenti gli effetti negativi prodotti in alcuni paesi in ambito sia economico sia sociale
- D ha un atteggiamento sostanzialmente fiducioso, anche perché constata una crescente consapevolezza dei problemi
- E vede crescere la volontà politica di agire per affrontare i rischi che si presentano e correggere gli errori compiuti

2 Tra le riflessioni suggerite dal passo citato, UNA NON È AUTORIZZATA dal testo:

- A Stiglitz osserva che il danno della perdita del lavoro non è solo economico
- B Stiglitz dà ragione a chi vede nella globalizzazione una minaccia per i poveri che non potranno che averne danno
- C Stiglitz non ha fiducia nella capacità del mercato di autoregolamentarsi
- D solo guardando in faccia alla realtà e imparando dagli errori commessi si possono, secondo Stiglitz, correggere gli inconvenienti della globalizzazione
- E secondo Stiglitz, i paesi che hanno goduto di più dei vantaggi della globalizzazione sono quelli i cui governi l'hanno autonomamente disciplinata

Rispondi alle seguenti domande.

3 **Il romanzo *1984*, scritto nel 1948, descrive un mondo inquietante, in cui un Grande Fratello controlla e dirige tutti mediante la tecnologia e l'acquiescenza dei più. Ne è autore:**

A George Orwell
B Scott Fitzgerald
C Ernest Hemingway
D George Bernard Shaw
E Anton Cechov

4 **Il nome di Mao Zedong è legato a uno solo degli episodi storici novecenteschi che compaiono nella alternative: quale?**

A alla Rivoluzione d'ottobre
B alla caduta del muro di Berlino
C alla bomba a Hiroshima
D alla guerra in Vietnam
E alla Lunga marcia

Leggere il seguente problema e rispondere alle relative domande.

I gruppi dolciari veronesi Baule e Vincenzi stanno per fondersi dopo il recente matrimonio tra i proprietari: Chiara Baule e Livio Vincenzi. Per definire le condizioni e gli accordi che regoleranno il processo di fusione viene organizzata una cena di lavoro a cui partecipano, per ciascuna società, l'amministratore delegato, due responsabili del marketing e due responsabili della finanza.

I dirigenti della Baule sono: A, B, C, D e E, mentre i dirigenti della Vincenzi sono F, G, H, I e L.

Il tavolo della cena è rettangolare e da un lato siedono i dirigenti della Baule, dal lato opposto i dirigenti della Vincenzi con al centro dei rispettivi gruppi i due amministratori delegati che, quindi, siedono uno di fronte all'altro.

Rispondere alle domande seguenti sapendo che:

1) A e B siedono alle estremità opposte del tavolo;
2) G deve sedere all'estremità destra del tavolo perché è sordo dall'orecchio destro;
3) D e F non sono gli amministratori delegati;
4) i responsabili del marketing della Baule, uno dei quali è B, sono seduti accanto e di fronte non hanno nessun responsabile marketing della Vincenzi; G non è un responsabile marketing;
5) C, responsabile della finanza, è seduto di fronte a H.

5 **A può essere:**

A un responsabile della finanza seduto di fronte a F
B un responsabile del marketing seduto di fronte a G
C l'amministratore delegato della Baule
D un responsabile della finanza seduto a fianco a D
E seduto a fianco di E

6 **Se I è responsabile del marketing quale delle seguenti informazioni è necessariamente vera?**

A L è l'amministratore delegato della Vincenzi
B I siede di fronte a E
C I siede di fronte a D
D I siede di fianco a G
E F è responsabile del marketing

 © Alpha Test

Rispondere ai seguenti quesiti.

7 **"Un valore basso di pressione differenziale (differenza tra la pressione sistolica e diastolica) indica che la parete arteriosa non è provvista di elevata elasticità. Questa diminuzione di elasticità può essere inoltre rilevata dallo spostamento verso l'alto dei valori della pressione diastolica che essa provoca". Quale tra le seguenti affermazioni NON è deducibile dal testo?**

A Una diminuzione dell'elasticità delle arterie fa aumentare la pressione diastolica
B Le pressioni sistoliche e diastoliche possono essere usate per studiare l'elasticità dei vasi arteriosi
C Se le pareti delle arterie sono molto elastiche, i valori della pressione sistolica e diastolica sono molto vicini
D Valori alti di pressione differenziale sono compatibili con elevata elasticità dei vasi arteriosi
E A parità di pressione sistolica, un aumento della pressione diastolica porta a una diminuzione della pressione differenziale

8 **"Il trattato che rende impossibile agli Stati firmatari importare merci dall'estero, da oggi non è più valido."**
La precedente affermazione implica che:

A è possibile che venga proibito ad alcuni Stati firmatari di importare merci dall'estero
B alcuni Stati firmatari possono importare merci dall'estero
C ogni Stato firmatario deve importare merci dall'estero
D solo gli Stati non firmatari possono importare merci dall'estero
E tutti gli Stati firmatari possono importare merci dall'estero

9 **Il numero 240 diminuito del 25% e quindi aumentato del 25%:**

A diminuisce di 20 unità
B aumenta di 20 unità
C è pari a 200
D è pari a 225
E rimane invariato

Biologia, chimica, matematica e fisica

10 **L'adenosina trifosfato (ATP) è:**

- A il mediatore di alcuni ormoni
- B un costituente del DNA
- C la molecola utilizzata come moneta di scambio energetico
- D una vitamina
- E un fosfolipide

11 **Come avviene la replicazione di un virus a RNA?**

- A Attraverso una semplice copiatura dell'RNA su un filamento complementare
- B Non esistono virus a RNA
- C Attraverso un processo di divisione mitotica
- D L'RNA può essere trascritto in un filamento di DNA complementare attraverso la trascrittasi inversa
- E Attraverso un processo chiamato coniugazione che porta alla fusione dei capsidi dei due virus

12 **I pesci cartilaginei (condroitti) hanno bocca:**

- A terminale e fessure branchiali scoperte
- B ventrale e branchie ricoperte dall'opercolo
- C ventrale e fessure branchiali scoperte
- D terminale e branchie ricoperte dall'opercolo
- E ventrale e vescica natatoria

13 **Il principale costituente del tessuto connettivo è:**

- A albumina
- B glicogeno
- C gelatina
- D agarosio
- E collagene

14 **Le forme alternative di un gene nello stesso locus sono chiamate:**

- A alleliche
- B omologhe
- C gametiche
- D associate
- E indipendenti

15 **Individui affetti da sindrome di Down possiedono un numero di cromosomi pari a:**

A 46 B 48 C 23 D 47 E 45

QUINTA PROVA

16 **La safena è:**

A la seconda vertebra cervicale
B un vaso dell'arto superiore
C un osso del piede
D un vaso dell'arto inferiore
E un osso del cranio

17 **I dischi intervertebrali sono formati da:**

A tessuto osseo
B epitelio
C tessuto cartilagineo
D grasso bruno
E tessuto linfatico

18 **Quale progenie si ottiene dall'incrocio tra due individui Aa × aa?**

A 50% AA, 25% Aa, 25% aa
B 50% Aa, 50% aa
C 25% Aa, 75% aa
D 100% Aa
E 100% AA

19 **L'eritema è:**

A una condizione cutanea fisiologica
B una condizione cutanea patologica
C un'ustione
D una patologia retinica
E una malattia genetica

20 **Durante la digestione, qual è la funzione dell'enzima dipeptidasi?**

A Nello stomaco, idrolizza i peptidi formati da due amminoacidi
B Nell'intestino, idrolizza lunghi peptidi in catene peptidiche più corte
C Nello stomaco, comincia la digestione chimica delle proteine
D Nell'intestino, idrolizza i peptidi formati da due amminoacidi
E Nella bocca, comincia la digestione chimica delle proteine

21 **Quale delle seguenti strutture nervose fa parte del rombencefalo?**

A Il cervello
B Il midollo allungato
C L'ipotalamo
D Il talamo
E L'ipofisi

22 **Indicare fra le seguenti affermazioni quella errata. Nell'uomo:**

A il fegato è un organo impari
B il fegato produce la bile
C il fegato secerne insulina
D al fegato arriva il sangue del sistema portale epatico
E il fegato si trova nella cavità addominale

© Alpha Test

23 **Solo una delle seguenti affermazioni è CORRETTA. Quale?**

A Alcune proteine non contengono azoto
B Nelle proteine è sempre contenuto fosforo
C Nelle proteine è sempre contenuto ossigeno
D Il carbonio è l'unico elemento obbligatoriamente presente in tutte le proteine
E Alcune proteine non contengono carbonio

24 **Nella specie umana, per caratteri sessuali primari si intendono:**

A gli ormoni sessuali
B la distribuzione dei peli
C il timbro della voce
D i genitali esterni
E le gonadi

25 **La mitosi è un meccanismo per mezzo del quale:**

A una cellula eucariote produce due cellule geneticamente uguali
B si riproducono i virus, i batteri e gli organismi eucarioti
C si riproducono i batteri
D vengono sintetizzati gli zuccheri
E si riproducono sia gli organismi eucarioti sia gli organismi procarioti

26 **All'interno della cellula, la sintesi dei polipeptidi ha luogo:**

A nei ribosomi
B nei ribosomi e lisosomi
C nei ribosomi e centrioli
D nei ribosomi e protoplasmi
E nei reticoli endoplasmatici lisci, grazie ai lisosomi associati

27 **Che cos'è la melatonina?**

A Un amminoacido
B Una proteina dell'epidermide responsabile del colore della pelle
C Un ormone
D Un enzima digestivo
E Un neurotrasmettitore secreto dall'ipotalamo

28 **La dentatura permanente dell'uomo è costituita da:**

A 12 molari, 8 premolari, 4 canini, 8 incisivi
B 16 molari, 4 premolari, 4 canini, 8 incisivi
C 12 molari, 8 premolari, 2 canini, 10 incisivi
D 14 molari, 8 premolari, 4 canini, 6 incisivi
E 12 molari, 6 premolari, 6 canini, 8 incisivi

29 **Se in una cellula viene bloccata selettivamente la funzione dei ribosomi, si ha l'arresto immediato della:**

A duplicazione del DNA
B trascrizione
C traduzione
D glicolisi
E respirazione cellulare

30 **I sarcomeri sono:**

A giunzioni tra cellule epiteliali
B componenti strutturali delle cellule muscolari
C una porzione dei cromosomi
D strutture presenti in corrispondenza delle sinapsi
E nessuna delle precedenti risposte è corretta

31 **Quale tra le seguenti affermazioni riguardanti il sistema AB0, responsabile dei gruppi sanguigni umani, è FALSA?**

A Si tratta di un sistema ad alleli multipli
B L'allele I^A codifica per l'anticorpo A
C Gli alleli I^A e I^B presentano codominanza
D L'allele I^A è dominante su I^0
E Un individuo appartenente al gruppo 0 ha genotipo I^0I^0

32 **La tecnica della PCR permette di:**

A inserire frammenti di DNA esogeno in una cellula
B confrontare sequenze di DNA
C isolare frammenti di DNA
D amplificare frammenti di DNA
E tradurre sequenze nucleotidiche in polipeptidi

33 **$1s^22s^22p^3$ rappresenta la configurazione elettronica:**

A di un elemento del gruppo V A
B del fosforo
C di un elemento del gruppo III A
D di un elemento del periodo 3
E dello zolfo

34 **Sodio (Na) e potassio (K):**

A hanno lo stesso peso atomico
B sono entrambi gas nobili
C sono entrambi metalli
D sono entrambi non metalli
E appartengono allo stesso periodo

35 **Data la reazione chimica $H_2SO_3 + AuNO_3 \rightarrow Au_2SO_3 + HNO_3$, quali sono i coefficienti stechiometrici che permettono di bilanciarla?**

A 1, 2, 1, 3
B 1, 1, 2, 1
C 1, 2, 1, 2
D 1, 3, 1, 3
E 2, 3, 1, 2

QUINTA PROVA

36 Qual è la differenza fra un atomo di carbonio primario e un atomo di carbonio secondario?

- A Il primario si trova in un alcol; il secondario in un etere
- B Il primario si trova in un etere; il secondario in un alcol
- C Il secondario è legato solo a un altro atomo di carbonio, il primario ad altri due
- D Il primario è il più importante; il secondario è meno importante
- E Il primario è legato solo a un altro atomo di carbonio, il secondario ad altri due

37 Un "acido carbossilico" è:

- A un composto organico che non contiene ossigeno
- B considerato sempre un acido forte
- C uno zucchero
- D un composto organico che contiene un gruppo –COOH
- E un monomero

38 A quale volume bisogna diluire 10 mL di HCl 8 M per ottenere HCl 0,2 M?

- A 200 mL
- B 400 mL
- C 40 mL
- D 80 mL
- E 800 mL

39 Gli ossidi basici sono composti binari dell'ossigeno con un elemento:

- A non metallico
- B molto elettronegativo
- C con alto valore del potenziale di ionizzazione
- D a spiccate caratteristiche metalliche
- E del VI o VII gruppo della tavola periodica

40 Che tipo di ibridazione hanno gli atomi di carbonio nel butano?

- A Tutti sp^3
- B Tutti sp^2
- C Due sp^2 e due sp^3
- D Uno sp^3 e tre sp^2
- E Tutti sp

41 Indicare quale dei seguenti atomi tende a formare molecole biatomiche.

- A Na
- B O
- C K
- D Ca
- E Fe

42 Le caratteristiche chimiche di un elemento dipendono da:

- A il numero e la collocazione degli elettroni
- B il peso atomico dell'elemento
- C il numero di neutroni e la loro mobilità
- D il rapporto tra il numero dei protoni e quello dei neutroni
- E la massa atomica dell'elemento

43 **Gli elettroliti forti sono:**

- A acidi che in soluzione non si dissociano
- B acidi completamente dissociati in soluzione
- C carboidrati che in soluzione si dissociano
- D basi poco dissociate in soluzione
- E sali che in soluzione restano indissociati

44 **Si pensa che la vitamina C protegga lo stomaco umano dall'insorgere di tumori perché reagisce con gli ioni nitrito e li converte in ossido di azoto ($NO_2^- \rightarrow NO$). Ciò significa che avviene una reazione nella quale:**

- A lo ione nitrito e la vitamina si riducono
- B lo ione nitrito si riduce e la vitamina si ossida
- C lo ione nitrito si ossida e la vitamina si riduce
- D lo ione nitrito e la vitamina si ossidano
- E lo ione nitrito libera O_2 che entra nella catena respiratoria

45 **Le formule degli ioni calcio, nitrato e fosfato sono:**

- A Ca^{2+}, NO_2^-, PO_3^{2-}
- B Cl^-, NO_3^-, PO_4^{3-}
- C Ca^{2-}, NO_3^+, PO_4^{2-}
- D Ca^{2-}, NO_2^-, PO_4^{2-}
- E Ca^{2+}, NO_3^-, PO_4^{3-}

46 **Gli alogeni:**

- A hanno la tendenza ad acquistare un elettrone
- B hanno la tendenza a perdere gli elettroni più esterni
- C hanno la tendenza a formare ioni positivi
- D sono gas nobili
- E sono elementi del primo gruppo della tavola periodica

47 **Quale delle seguenti sostanze è un alcol?**

- A Trifluoroetanolo
- B Toluene
- C Cicloesano
- D Butanale
- E Acetato di etile

48 **Dato il sistema** $\begin{cases} a^x \cdot a^y = a^5 \\ a^{x^2-y^2} = a^5 \end{cases}$ **le soluzioni sono:**

- A 6; 4
- B 3; 6
- C 3; 2
- D a^3; a^2
- E 3; – 2

QUINTA PROVA

49 **Qual è l'equazione cartesiana del luogo geometrico dei punti del piano assegnato dalle seguenti equazioni parametriche?**

$$\begin{cases} x = t^2 \\ y = t^4 \end{cases} \quad t \in \mathbb{R}$$

A $y = 2x, x \geq 0$ B $y = x^2, x > 0$ C $y = x^2, x \geq 0$ D $y = x^4, x > 0$ E $y = x^4$

50 **Due numeri *x* e *y* hanno somma pari a 20 e prodotto uguale a 96.**
Quanto vale l'espressione $x^2 + y^2$?

A 592
B 496
C 400
D 304
E 208

51 **Un'ellisse è una curva piana:**

A i cui punti sono equidistanti da due punti fissi detti fuochi
B che racchiude un'area minore di quella del cerchio di uguale perimetro
C i cui punti sono equidistanti da una retta e da un punto assegnati
D tale che il prodotto delle distanze dei suoi punti da due punti fissi è costante
E nessuna delle precedenti risposte è esatta

52 **Il seguente teorema "Un fascio di rette parallele determina, su due trasversali, due classi di segmenti fra loro in proporzione" è il teorema di:**

A Euclide
B Pitagora
C Talete
D Cramer
E Carnot

53 **Quanti sono i modi distinti di realizzare un poker d'assi (4 assi e 1 carta diversa) scegliendo in un mazzo di 52 carte da gioco?**
(L'ordine di scelta delle carte non ha importanza)

A 4
B 13
C 26
D 48
E 52

54 **Si definisce portata di un fluido:**

A il volume di fluido che passa attraverso una data superficie in un secondo
B la massa di fluido che attraversa una superficie unitaria
C il prodotto della pressione per la velocità del fluido
D il prodotto della pressione per il volume di fluido che passa attraverso una data superficie in un secondo
E il prodotto della densità di fluido per la velocità di esso in un dato istante

55 **Sia dato un corpo in moto rettilineo a cui viene applicata per 10 s una forza di 100 N agente lungo la traiettoria e che si oppone al moto per una distanza di 2 m. La potenza sviluppata dalla forza è uguale a:**

A 5 W
B 500 W
C 2 kW
D 20 W
E 200 W

56 **Un pendolo semplice di massa $M = 2$ kg e lunghezza $L = 9{,}8$ m ha un periodo di oscillazione di:**

A 1 s
B 4 s
C π s
D 2π s
E 4πs

57 **Il momento di una forza *F* applicata nel punto *A* rispetto ad un punto *O*:**

A non può mai essere nullo
B è un vettore appartenente al piano generato da *F* e dal vettore che collega *O* ad *A*
C è un vettore perpendicolare al piano generato da *F* e dal vettore che collega *O* ad *A*
D è un vettore il cui modulo dipende solo dal modulo della forza *F*
E è un vettore il cui modulo dipende esclusivamente dal modulo della forza *F* e dalla lunghezza del vettore *OA*

58 **I tre contenitori indicati in figura sono colmi d'acqua sino allo stesso livello.**

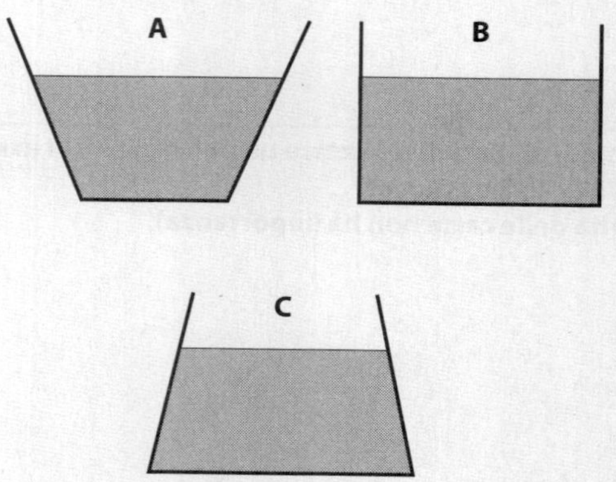

La pressione sul fondo:

A è identica per A, B e C
B è maggiore per B
C è maggiore per A
D è maggiore per C
E non esiste una regola determinata in materia

QUINTA PROVA

59 **Ciascuna delle tre resistenze del circuito rappresentato in figura può dissipare una potenza massima W.**

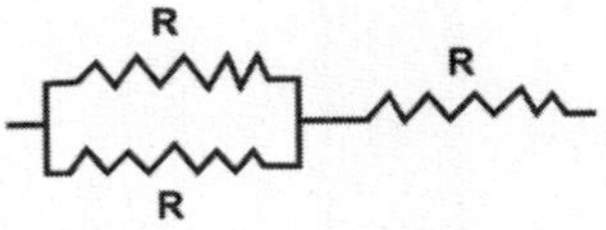

Qual è la potenza massima che il circuito risultante può dissipare?

A $\frac{2}{3}$W
B $\frac{3}{2}$W
C W
D 2W
E 3W

60 **Il primo principio della dinamica afferma che:**

A ogni corpo persiste nel suo stato di quiete o di moto rettilineo uniforme finché forze esterne a esso applicate non lo costringono a mutare questo stato
B la forza peso è proporzionale all'accelerazione di gravità
C il momento di una forza è dato dal prodotto del modulo della forza per la distanza tra la forza e il punto di applicazione della forza stessa
D a ogni azione corrisponde sempre un'azione uguale e contraria
E la massa non si crea e non si distrugge

Soluzioni della quinta prova

Alpha Test

Risposte esatte della quinta prova

Verificare le risposte relative alle domande della quinta prova

	A	B	C	D	E		A	B	C	D	E		A	B	C	D	E
1	■					21		■				41		■			
2		■				22			■			42	■				
3	■					23			■			43		■			
4					■	24					■	44		■			
5	■					25	■					45					■
6	■					26	■					46	■				
7			■			27			■			47	■				
8					■	28	■					48			■		
9				■		29			■			49			■		
10			■			30		■				50					■
11				■		31		■				51		■			
12			■			32				■		52			■		
13					■	33	■					53				■	
14	■					34			■			54	■				
15				■		35			■			55				■	
16				■		36					■	56				■	
17			■			37				■		57			■		
18		■				38		■				58	■				
19		■				39				■		59		■			
20				■		40	■					60	■				

QUINTA PROVA

Simulazioni

SESTA PROVA

Scheda delle risposte

Alpha Test — **Scheda per le risposte della sesta prova**

Contrassegnare le risposte relative alle domande della sesta prova

	A	B	C	D	E		A	B	C	D	E		A	B	C	D	E
1						21						41					
2						22						42					
3						23						43					
4						24						44					
5						25						45					
6						26						46					
7						27						47					
8						28						48					
9						29						49					
10						30						50					
11						31						51					
12						32						52					
13						33						53					
14						34						54					
15						35						55					
16						36						56					
17						37						57					
18						38						58					
19						39						59					
20						40						60					

© Alpha Test

SESTA PROVA

Tempo a disposizione: 100 minuti – Tempo consigliato: 90 minuti

Ragionamento logico, competenze di lettura e conoscenze acquisite negli studi

Leggere il brano seguente e rispondere alle relative domande.

Io non sono riuscito ancora a dedurre dai fenomeni il perché delle suddette proprietà della gravitazione, e non costruisco ipotesi. Tutto ciò che non si deduce dai fenomeni viene chiamata ipotesi, e nella filosofia sperimentale non trovano posto le ipotesi sia metafisiche, sia fisiche, sia di qualità occulte, sia meccaniche. In questa filosofia le proposizioni sono dedotte dai fenomeni e sono rese generali per induzione. In tal modo divennero note l'impenetrabilità, la mobilità e gli impeti dei corpi, le leggi del moto e la gravità. È sufficiente che la gravitazione esista di fatto, agisca secondo le leggi da noi esposte, spieghi tutti i movimenti dei corpi celesti e del nostro mare.

1 Queste affermazioni, qui riportate tradotte in italiano moderno, possono essere attribuite, per il loro contenuto scientifico, a UNO SOLO dei personaggi sotto elencati. Quale?

- A Isaac Newton
- B Nicola Copernico
- C René Descartes (Cartesio)
- D John Locke
- E Antoine Lavoisier

2 Delle spiegazioni del significato che assumono nel testo riportato i termini sottolineati, qui elencati in successione casuale, UNA SOLA È CORRETTA:

- A *fenomeni*: eventi straordinari
- B *metafisiche*: che riguardano l'ambito religioso
- C *ipotesi*: supposizione provvisoria che manca di verifica sperimentale
- D *induzione*: procedimento logico che dall'universale deduce il particolare
- E *occulte*: che appartengono all'ambito del paranormale

Rispondi alle seguenti domande.

3 **Il colombiano Gabriel García Márquez (1927-2014) è:**

A l'autore del romanzo *Cent'anni di solitudine*
B l'autore del dipinto *Guernica*
C il regista del film *L'amore ai tempi del colera*
D l'autore dell'opera teatrale *La casa di Bernarda Alba*
E l'autore del romanzo *Dona Flor e i suoi due mariti*

4 **Completa il seguente testo con la serie di termini o espressioni corrette.**
«La condizione ... dello straniero è regolata dalla legge in conformità delle norme e dei trattati internazionali. Lo straniero, al quale sia impedito nel suo Paese l'effettivo ... delle libertà democratiche garantite dalla Costituzione italiana, ha diritto ... nel territorio della Repubblica, secondo le condizioni stabilite dalla legge»
(*Costituzione della Repubblica italiana*, art. 10)

A politica, utilizzo, di libera circolazione
B sociale, appagamento, di voto
C giuridica, esercizio, d'asilo
D economica, godimento, di cittadinanza
E familiare, uso, di matrimonio

5 **"Se Anna sta dormendo, allora Marco è fuori casa."**
Se la precedente affermazione è vera, allora è anche vero che:

A se Marco è fuori casa, allora Anna sta dormendo
B se Marco è in casa, allora Anna non sta dormendo
C Marco è fuori casa solo quando Anna dorme
D Anna non sta dormendo e Marco non è fuori casa
E Anna e Marco vivono insieme

6 **"I risultati di un recente studio empirico sugli effetti del fumo negano la fondatezza della tesi secondo la quale è impossibile che il divieto di fumare negli uffici pubblici diminuisca l'incidenza dei tumori ai polmoni". L'affermazione precedente è equivalente a una sola delle seguenti. Quale?**

A Il divieto di fumare negli uffici pubblici diminuisce l'incidenza dei tumori ai polmoni
B Se non si introdurrà anche in Italia il divieto di fumare negli uffici pubblici, si potrebbe assistere a un incremento dei tumori ai polmoni
C La possibilità di fumare negli uffici pubblici non ha alcuna effetto sull'incidenza dei tumori ai polmoni
D È importante introdurre al più presto anche in Italia il divieto di fumare negli uffici pubblici
E Il divieto di fumare negli uffici pubblici potrebbe ridurre l'incidenza dei tumori ai polmoni

7 **Individuare il numero da scartare:**

62, 116, 222, 80, 152

A 222
B 62
C 116
D 80
E 152

© Alpha Test

8 **Un ladro scippa quella che da dietro sembra essere una ragazza e fugge a piedi alla velocità di 18 km/h. In realtà la "ragazza" è il campione mondiale di pugilato, noto per i suoi lunghi capelli biondi, che, dopo i primi trenta secondi di sbigottimento, comincia a rincorrere il malfattore alla propria velocità massima cronometrata durante gli allenamenti: 25,2 km/h. Quanto tempo impiegherà l'atleta a raggiungere lo sventurato scippatore?**

A 1 minuto
B 2 minuti
C Il ladro non sarà mai raggiunto
D 1 minuto e 15 secondi
E 2 minuti e 15 secondi

9 **L'opposto del doppio dell'opposto dell'inverso della metà di 4 è uguale a:**

A – 1
B – 4
C 1
D 2
E 0

SESTA PROVA

Biologia, chimica, matematica e fisica

10 Il glicogeno ha funzione:

A di informazione
B di riserva di glucosio
C enzimatica
D di carrier di amminoacidi
E nessuna delle altre alternative è corretta

11 Sulla base delle attuali conoscenze, si ritiene che la vita sulla Terra sia comparsa:

A almeno 3,5 miliardi di anni fa
B 4000 anni fa
C 1 miliardo di anni fa
D 100 milioni di anni fa
E 1 milione di anni fa

12 I possibili fenotipi della progenie di un matrimonio tra un individuo di gruppo sanguigno AB con uno di gruppo B, il cui padre era di gruppo 0 sono:

A AB, 0
B A, B, 0
C A, B, AB, 0
D A, B
E A, B, AB

13 I cromosomi si rendono ben visibili al microscopio:

A dopo la fecondazione di un ovulo
B durante la profase
C durante la metafase
D durante l'interfase
E durante la telofase

14 Che cosa sono gli anticorpi?

A Proteine capaci di indurre una risposta immunitaria nell'organismo
B Proteine costituite da una precisa sequenza di amminoacidi prodotte in presenza di un certo antigene
C Cellule con funzione immunitaria
D Vaccini
E Molecole di natura glucidica

15 **In cosa viene trasformato il glucosio al termine della glicolisi?**

- A In una molecola a sei atomi di carbonio di citrato
- B In una molecola a quattro atomi di carbonio di ossalacetato
- C In CO_2 e H_2O
- D In acido lattico
- E In due molecole di acido piruvico, a tre atomi di carbonio

16 **Le ossa contengono un tessuto molle detto midollo osseo. In particolare nelle epifisi delle ossa lunghe è presente:**

- A il midollo giallo che produce globuli rossi e bianchi
- B il midollo spinale con funzione emopoietica
- C il midollo rosso con funzione emopoietica
- D il midollo rosso che permette l'allungamento dell'osso
- E il midollo giallo che permette la rigenerazione dell'osso

17 **Nell'uomo, un gene è formato da:**

- A DNA
- B proteine
- C RNA
- D una sequenza di DNA legata a proteine e lipidi
- E amminoacidi

18 **La convergenza adattativa indica:**

- A la tendenza di organismi animali e vegetali a localizzarsi in particolari siti
- B l'adozione da parte di specie diverse delle stesse strategie evolutive per adeguarsi all'ambiente
- C il reciproco adattarsi di specie diverse in una simbiosi mutualistica
- D l'adozione da parte di un animale di forme e colori atti a mimetizzarlo nell'ambiente
- E la capacità, da parte di una specie che raggiunge un territorio con numerose nicchie ecologiche libere, di dare origine rapidamente a numerose specie diverse

19 **Quale tra le seguenti strutture delle cellule procariotiche non risulta presente nelle cellule eucariotiche animali?**

- A Membrana plasmatica
- B DNA
- C Ribosomi
- D Parete cellulare
- E mRNAs

20 **Quale tra questi ormoni viene prodotto dalle ghiandole surrenali?**

- A Triiodotironina
- B Cortisone
- C Insulina
- D Tiroxina
- E Corticotropina

© Alpha Test

21 **La vinblastina, una sostanza che interferisce con la formazione del fuso mitotico, può essere usata come farmaco antitumorale in quanto:**

- A in assenza del fuso il processo mitotico si arresta e di conseguenza il ciclo cellulare delle cellule tumorali si blocca
- B impedisce che il fuso mitotico produca sostanze tossiche che possono provocare l'insorgenza di tumori
- C in assenza del fuso le cellule tumorali continuano a proliferare ma perdono la capacità di produrre metastasi
- D impedisce la formazione di un fuso mitotico anomalo, che è la causa dell'insorgenza del tumore
- E l'assenza del fuso fa in modo che non avvengano mutazioni durante la duplicazione del DNA della cellula

22 **L'anemia falciforme: 1) è causata da carenza di ferro, 2) è dovuta a mutazioni genetiche, 3) è dovuta a carenza di vitamina B_{12}, 4) riguarda l'emoglobina.**

Riguardo alle precedenti affermazioni:

- A è corretta solo la 1)
- B sono corrette la 1) e la 3)
- C è corretta solo la 2)
- D sono tutte errate
- E sono corrette la 2) e la 4)

23 **Dato il segmento di DNA: TTTCTACCGGCA, quale tra i seguenti segmenti di mRNA si forma per trascrizione?**

- A TTT CTA CCG GCA
- B AAA GAU GGC CGU
- C AAA GAT GGC GCT
- D UUU GUA GGC CGU
- E CCC TCA TTU UTC

24 **Il prodotto finale del catabolismo degli amminoacidi nei mammiferi è:**

- A l'acido ippurico
- B l'acido urico
- C l'urea
- D l'ammoniaca
- E acqua, anidride carbonica, azoto

25 **Due geni sono detti associati quando:**

- A sono localizzati su due cromosomi diversi e segregano indipendentemente uno dall'altro
- B sono localizzati sullo stesso cromosoma e non mostrano un assortimento indipendente
- C l'espressione di un gene è coordinata con quella dell'altro gene coinvolto nella stessa catena metabolica
- D codificano per la stessa proteina
- E codificano per proteine diverse

26 **Tutte le cellule batteriche sono sprovviste di:**

A nucleolo
B parete
C ribosomi
D DNA
E membrana plasmatica

27 **La "neurofibromatosi" è una malattia autosomica dominante. Qual è la probabilità che il figlio nato da padre ammalato (eterozigote) e madre sana possa a sua volta essere ammalato?**

A 0,5
B 1
C 0,75
D 0
E 0,25

28 **Quale affermazione sugli eritrociti umani maturi è corretta?**

A Sono dotati di mitocondri
B Vengono generati nei gangli nervosi intestinali
C Non sono delimitati dalla membrana plasmatica
D Sono dotati di nucleo
E Vanno incontro a emolisi in soluzione ipotonica

29 **Cos'è un cofattore enzimatico?**

A Il sito attivo di un enzima a cui può legarsi uno specifico substrato
B Una molecola non proteica senza la quale un enzima non potrebbe funzionare
C Lo specifico substrato su cui l'enzima va ad agire
D Ciascuna delle due parti in cui può essere scomposto un enzima
E Una molecola organica che coadiuva l'azione di un enzima

30 **Le muffe sono:**

A funghi
B batteri
C briofite
D licheni
E protozoi

31 **Una coppia di cromosomi omologhi è formata da:**

A due cromosomi con alleli genotipicamente tutti uguali
B un cromosoma di origine materna e uno di origine paterna
C due cromosomi di origine materna
D due cromosomi con alleli genotipicamente tutti diversi
E un cromosoma con alleli dominanti e uno con alleli recessivi

 © Alpha Test

32 **Che cosa si intende per biodiversità?**

A La varietà di specie all'interno di una comunità biologica
B La ricombinazione genica
C La frequenza di mutazioni in una popolazione
D La diversità fenotipica tra le specie
E La diversità fra individui di sesso maschile e femminile appartenenti a una stessa specie

33 **Nel modello atomico di Bohr:**

A gli elettroni sono dispersi disordinatamente attorno al nucleo
B l'elettrone è un'onda elettromagnetica
C l'elettrone può percorrere solo determinate orbite attorno al nucleo
D l'elettrone viene descritto secondo i principi della meccanica quantistica
E gli orbitali sono regioni dello spazio intorno al nucleo in cui vi è il 90% di probabilità di trovare l'elettrone

34 **Un composto organico insaturo:**

A non contiene doppi legami
B contiene doppi o tripli legami tra due atomi di carbonio
C contiene doppi legami tra atomi di carbonio e idrogeno
D contiene doppi legami tra atomi di carbonio e ossigeno
E contiene almeno due doppi legami

35 **Quale delle seguenti soluzioni acquose è acida?**

A Cloruro di potassio
B Acetato di sodio
C Acetato di potassio
D Bicarbonato di sodio
E Cloruro di ammonio

36 **In quale classe di composti organici è sempre presente il gruppo ossidrilico (–OH)?**

A Carboidrati
B Chetoni
C Alcani
D Aldeidi
E Idrocarburi

37 **Una mole di acido solforico (PM = 98) corrisponde a:**

A $6{,}02 \cdot 10^{23}$ g
B 32 g
C 98 g
D 40 g
E 100 g

38 **La concentrazione espressa in percento in massa indica i grammi di soluto in:**

A 100 ml di soluzione

B 100 g di soluzione

C 100 g di solvente puro

D 100 cm^3 di soluzione

E 100 cm^3 di solvente puro

39 **Considerando pari a K il valore della costante del seguente equilibrio chimico:**

$$N_{2(g)} + 3\ H_{2(g)} \rightarrow 2\ NH_{3(g)}$$

quale sarà il suo valore, a temperatura costante, se la concentrazione molare di H_2 raddoppia?

A 2 K

B K^2

C K/4

D K

E K/8

40 **Quale dei seguenti composti organici presenta nella sua molecola un triplo legame C-C?**

A C_2H_2

B CH_4

C $C_2H_5NH_2$

D HCOOH

E CH_3NH_2

SESTA PROVA

41 **In una soluzione la concentrazione degli ioni H_3O^+ è 10^{-4} M. Il pH della soluzione è:**

A 4

B 9

C 10

D 7

E 3

42 **Il carbonato di sodio è:**

A un estere

B un sale

C un sapone

D una base

E un acido

43 **Se in una reazione chimica un elemento si ossida, il suo numero di ossidazione:**

A diventa negativo

B diminuisce

C raddoppia

D aumenta

E diventa positivo

© Alpha Test

44 **Indica tra i seguenti atomi quali sono tra loro isotopi.**

A. Un atomo formato da 6 protoni, 6 neutroni e 6 elettroni e un atomo da 7 protoni, 6 neutroni e 6 elettroni

B. Un atomo formato da 6 protoni, 8 neutroni e 6 elettroni e un atomo da 6 protoni, 6 neutroni e 6 elettroni

C. Un atomo formato da 8 protoni, 8 neutroni e 8 elettroni e un atomo da 8 protoni, 8 neutroni e 10 elettroni

D. Un atomo formato da 11 protoni, 12 neutroni e 10 elettroni e un atomo da 11 protoni, 12 neutroni e 11 elettroni

E. Un atomo formato da 12 protoni, 12 neutroni e 12 elettroni e un atomo da 13 protoni, 12 neutroni e 12 elettroni

45 **Una soluzione acquosa è basica quando la concentrazione molare degli ioni OH^- è:**

A. minore di 10^{-7} mol/L

B. maggiore di 10^{-7} mol/L

C. minore di 10^{-14} mol/L

D. maggiore di 10^{-14} mol/L

E. compresa tra 10^{-7} e 10^{-10} mol/L

46 **Quale tra i seguenti composti è un'ammina?**

A. $CH_3–(CH_2)_5–COOH$

B. $CH_3–CH_2–NH_2$

C. $CH_3–CH_2–SH$

D. $CH_3–CO–CH_3$

E. $CH_3–CH_2–CH_2OH$

47 **Data la seguente reazione:**

$$Zn + 2\,HCl \rightarrow ZnCl_2 + H_2$$

A. lo zinco si ossida e il cloro si riduce

B. lo zinco si riduce e il cloro si ossida

C. l'idrogeno si ossida e il cloro si riduce

D. lo zinco si ossida e l'idrogeno si riduce

E. non è una ossidoriduzione

48 **Dati 4 numeri e sapendo che le loro somme a 3 a 3 sono: 9, 10, 11 e 12, è possibile affermare che essi sono:**

A. 1; 2; 3; 4

B. 1; 3; 5; 7

C. 2; 4; 6; 7

D. 2; 3; 4; 5

E. 1; 2; 3; 5

49 **Individuare fra le seguenti l'espressione NON equivalente a 0,006:**

A. 6/10.000 B. 0,600/100 C. 60/10.000 D. 6/1.000 E. 600/100.000

SESTA PROVA

50 **Se ogni coppia di numeri seguenti rappresenta le coordinate cartesiane di un punto, qual è quello più lontano dall'origine?**

A (2;5)

B (0;7)

C (4;4)

D (6;1)

E (6;2)

51 **In un triangolo ABC, rettangolo in C, sia CH l'altezza relativa all'ipotenusa. Se l'angolo in A è doppio di quello in B, allora AH è uguale a:**

A CH $\sqrt{3}$

B AC $\sqrt{\frac{3}{2}}$

C AC $\sqrt{3}$

D CH/ $\sqrt{3}$

E CH/2

52 **La Terra, nel moto di rotazione su sé stessa, in un'ora ruota di:**

A 12,5 gradi

B 15 gradi

C 17,5 gradi

D 20 gradi

E 30 gradi

53 **Si considerino i seguenti numeri: 91, 231, 640, 121. Quanti di essi sono numeri primi?**

A Uno

B Due

C Tre

D Quattro

E Nessuno

54 **L'espressione $\frac{\sqrt{x}}{6\log y}$ è pari a:**

A $\log(\sqrt{x} - 6y)$

B è indeterminata

C $\frac{1}{x^{-1/2}\log y^6}$

D $\frac{\sqrt{x}}{\log 6y}$

E $\frac{1}{6} \cdot \frac{1}{\log y - \sqrt{x}}$

SESTA PROVA

© Alpha Test

55 **Si consideri l'equazione nell'incognita reale x:**

$$x^2 - (k-2)x + k - 1 = 0 \qquad \text{(con } k \text{ numero reale)}$$

Allora tale equazione:

- A ha soluzioni reali opposte per $k = 1$
- B ha soluzioni reali opposte per $k = 2$
- C non ha mai soluzioni reali opposte
- D ha soluzioni reali opposte per $k = -2$
- E nessuna delle precedenti risposte è esatta

56 **Una massa di un quintale viene sollevata. Quando giunge all'altezza di 15 m dal suolo, la sua energia potenziale:**

- A è pari alla sua energia cinetica
- B è di 50 000 joule
- C è la stessa che avrebbe una massa di 200 kg a 7,5 m dal suolo
- D è di 0,15 newton/m^2
- E nessuna delle precedenti risposte è esatta

57 **La temperatura assoluta è:**

- A la più bassa temperatura teoricamente possibile
- B espressa in kelvin
- C indicata da un termometro tarato in gradi celsius
- D quella della superficie del Sole
- E espressa in fahrenheit

58 **Il campo elettrico e il potenziale generati da una carica puntiforme Q sono grandezze rispettivamente:**

- A entrambe vettoriali
- B entrambe scalari
- C scalare e vettoriale
- D vettoriale e scalare
- E entrambe vettoriali, ma solo in questo caso per simmetria sferica

59 **Ponendo in parallelo tre condensatori di capacità uguale a 60 microfarad ciascuno, la capacità totale vale:**

- A 180 microfarad
- B 20 microfarad
- C 60 microfarad
- D 400 microfarad
- E 120 microfarad

60 **Un recipiente contenente acqua calda cede calore all'ambiente. La quantità di calore ceduto dipende:**

- A soltanto dalla massa d'acqua
- B soltanto dalla differenza di temperatura tra acqua e ambiente
- C tanto dalla massa d'acqua quanto dalla differenza di temperatura tra acqua e ambiente
- D soltanto dal tempo in cui avviene il fenomeno
- E da nessuna delle grandezze considerate

Soluzioni della sesta prova

Alpha Test — **Risposte esatte della sesta prova**

Verificare le risposte relative alle domande della sesta prova

	A	B	C	D	E		A	B	C	D	E		A	B	C	D	E
1	■	□	□	□	□	21	■	□	□	□	□	41	■	□	□	□	□
2	□	□	■	□	□	22	□	□	□	□	■	42	□	■	□	□	□
3	■	□	□	□	□	23	□	■	□	□	□	43	□	□	□	■	□
4	□	□	■	□	□	24	□	□	■	□	□	44	□	■	□	□	□
5	□	■	□	□	□	25	□	■	□	□	□	45	□	■	□	□	□
6	□	□	□	□	■	26	■	□	□	□	□	46	□	■	□	□	□
7	■	□	□	□	□	27	■	□	□	□	□	47	□	□	□	■	□
8	□	□	□	■	□	28	□	□	□	□	■	48	□	□	□	■	□
9	□	□	■	□	□	29	□	■	□	□	□	49	■	□	□	□	□
10	□	■	□	□	□	30	■	□	□	□	□	50	□	■	□	□	□
11	■	□	□	□	□	31	□	■	□	□	□	51	□	□	□	■	□
12	□	□	□	□	■	32	■	□	□	□	□	52	□	■	□	□	□
13	□	□	■	□	□	33	□	□	■	□	□	53	□	□	□	□	■
14	□	■	□	□	□	34	□	■	□	□	□	54	□	□	■	□	□
15	□	□	□	□	■	35	□	□	□	□	■	55	□	□	■	□	□
16	□	□	■	□	□	36	■	□	□	□	□	56	□	□	■	□	□
17	■	□	□	□	□	37	□	□	■	□	□	57	□	■	□	□	□
18	□	■	□	□	□	38	□	■	□	□	□	58	□	□	□	■	□
19	□	□	□	■	□	39	□	□	□	■	□	59	■	□	□	□	□
20	□	■	□	□	□	40	■	□	□	□	□	60	□	□	■	□	□

SESTA PROVA

Simulazioni

SETTIMA PROVA

Scheda delle risposte

Alpha Test

Scheda per le risposte della settima prova

Contrassegnare le risposte relative alle domande della settima prova

	A	B	C	D	E		A	B	C	D	E		A	B	C	D	E
1						21						41					
2						22						42					
3						23						43					
4						24						44					
5						25						45					
6						26						46					
7						27						47					
8						28						48					
9						29						49					
10						30						50					
11						31						51					
12						32						52					
13						33						53					
14						34						54					
15						35						55					
16						36						56					
17						37						57					
18						38						58					
19						39						59					
20						40						60					

© Alpha Test

SETTIMA PROVA

Tempo a disposizione: 100 minuti – Tempo consigliato: 90 minuti

Ragionamento logico, competenze di lettura e conoscenze acquisite negli studi

Leggere il brano e rispondere alle relative domande.

"Per la modernità è fondamentale che i rischi si possano valutare in linea di principio nei termini di una conoscenza generalizzabile dei pericoli che comportano: una visione in cui l'idea di fortuna sopravvive per lo più entro forme marginali di superstizione. Quando si sa che il rischio è un rischio, lo si vive in maniera diversa rispetto alle circostanze in cui prevalgono le nozioni di fortuna. Il fatto di riconoscere l'esistenza di un rischio o di una serie di rischi significa accettare non solo la possibilità che le cose possano andare storte, ma che questa possibilità non si può eliminare. La fenomenologia di una tale situazione fa parte dell'esperienza culturale della modernità in genere. Eppure le concezioni fatalistiche non scompaiono del tutto. La fortuna tende a ricomparire proprio là dove i rischi sono maggiori, sia sotto forma di cosciente probabilità che si verifichi un evento indesiderato sia in termini di conseguenze nefande che derivano nel caso in cui un dato evento non vada per il verso giusto".

(Anthony Giddens, *Le conseguenze della modernità*,1994)

1 Tra le seguenti deduzioni UNA NON È autorizzata dal passo citato:

- **A** quando il rischio che un evento nefasto si verifichi è molto alto si tende ad attribuire il suo avverarsi alla fortuna
- **B** la valutazione dei rischi insiti nelle situazioni implica la svalutazione del peso che nelle situazioni ha la fortuna
- **C** nell'ambito della modernità l'idea del potere della fortuna è in secondo piano rispetto a quella della conoscibilità del rischio
- **D** la possibilità che una situazione volga al male è un rischio ineliminabile la cui consapevolezza induce a comportamenti fatalistici
- **E** il rischio è connesso agli eventi nel mondo umano, va accettato e può essere calcolato

2 **UNA SOLA della seguenti affermazioni NON È IN CONTRADDIZIONE con quanto sostiene A.Giddens nel passo prima riportato:**

- A tener presente l'ineliminabilità dei rischi e pericoli connessi con i progetti umani produce un atteggiamento sfiduciato, o persino fatalistico
- B la coscienza della probabilità di un evento indesiderabile libera chiunque dall'idea della soggezione alla fortuna
- C il concetto di fortuna è confinato nel mondo moderno esclusivamente nell'ambito della superstizione
- D il calcolo dei rischi non paralizza, ma induce a fare i conti con la possibilità di fallimento che è insita negli eventi
- E gli uomini moderni accettano meglio anche i fallimenti in quanto si sono liberati dall'idea paralizzante del potere della fortuna

Rispondere alle seguenti domande.

3 **Cosa fu "l'impresa di Fiume" di Gabriele D'Annunzio del 1919?**

- A La costituzione di un'impresa industriale
- B Il guado di un fiume in territorio austriaco a scopo propagandistico
- C Il volo sulla città con lancio di manifestini che invitavano alla resa
- D Non si ricordano imprese di questo nome da parte di D'Annunzio
- E L'occupazione della città di Fiume e la sua annessione all'Italia

4 **Quale termine può essere associato ad entrambe le seguenti definizioni?**

"rialzo continuo di azioni o titoli sostenuto da domanda a fini speculativi che fa salire il valore di mercato delle azioni o dei titoli al di sopra di ogni ragionevole valutazione";

"lesione elementare cutanea rappresentata da un rilievo di varia grandezza a contenuto sieroso".

- A Depressione
- B Bolla
- C Ferita
- D Contusione
- E Crollo

Risolvere i seguenti problemi.

5 **Un turista americano si è perso mentre visitava l'isola popolata dalle due tribù dei bugiardi e dei sinceri. I membri di una tribù dicono sempre la verità, quelli dell'altra mentono sempre. Arrivato a un bivio, egli deve chiedere la strada per il villaggio a un indigeno ma non ha modo di distinguere se questi appartenga all'una o all'altra tribù. Il turista pensa un momento e poi pone una sola domanda, la quale gli consente di capire la strada giusta per il villaggio. Quale delle seguenti è la domanda che soddisfa tale condizione?**

- A Qual è la strada per il villaggio che mi indicheresti se tu mentissi?
- B Lo sai che se non mi indichi la strada giusta per il villaggio ti sparo?
- C Se tu fossi me quale strada mi chiederesti di percorrere insieme a te?
- D Quale strada per il villaggio mi indicherebbe uno della tribù diversa dalla tua?
- E La domanda non esiste

6 **L'ispettore Poirot afferma: "Se il ladro non ha usato i guanti, allora o l'ispettore trova le impronte sul tavolo o è un incapace; inoltre tutti, anche i ladri che usano i guanti, lasciano qualche impronta con le scarpe." L'ispettore trova solo impronte di scarpe per terra.**

Se l'affermazione di Poirot è vera, una sola delle seguenti conclusioni è assolutamente certa. Quale?

A Non è detto che le impronte di scarpe siano del ladro
B Il ladro usava i guanti
C L'ispettore è un incapace
D Non è vero che l'ispettore non sia un incapace
E Il ladro aveva rubato i guanti dell'ispettore

---

7 **Considerati due triangoli simili ma non congruenti, tali che entrambi abbiano due lati di misura 12 cm e 18 cm, qual è la differenza (considerata positiva) fra le misure degli altri lati?**

A 6
B 19
C 4
D 9
E 13

---

8 **Due numeri tali che la loro somma sia 35 e che il primo diviso il secondo dia 7 come quoziente e 3 come resto, sono:**

A 27; 8
B 25; 10
C 31; 4
D 28; 7
E 30; 5

---

9 **Per equilibrare il sistema in figura è necessario cambiare posizione a un gettone:**

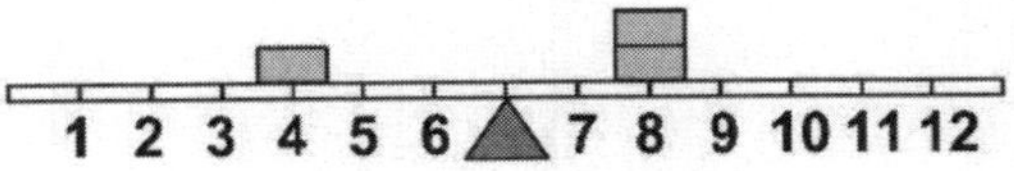

A dal lato destro al lato sinistro del punto medio
B nessuna delle altre alternative è corretta: l'asse è già in equilibrio
C dalla posizione 8 alla posizione 7
D dalla posizione 8 alla posizione 9
E dalla posizione 4 alla posizione 5

SETTIMA PROVA

Biologia, chimica, matematica e fisica

10 **La riproduzione sessuata avviene per:**

- A frammentazione di un'unica cellula
- B fusione di due cellule diploidi
- C scissione di una cellula diploide
- D rigenerazione di un corredo diploide da un'unica cellula aploide
- E fusione di due cellule aploidi

11 **Il dogma centrale della biologia molecolare sostiene che, nel corso dello sviluppo embrionale e del differenziamento cellulare, l'informazione genica è espressa unidirezionalmente. Qual è pertanto la sequenza degli eventi che trasformano le informazioni codificate nel DNA in strutture proteiche tridimensionali?**

- A Duplicazione-trascrizione-traduzione
- B Traduzione-duplicazione-trascrizione
- C Trascrizione-duplicazione-traduzione
- D Trascrizione-traduzione-duplicazione
- E Traduzione- trascrizione-duplicazione

12 **Nel corpo umano, quale tra i seguenti organi è una ghiandola?**

- A L'appendice
- B Il colon
- C La cistifellea
- D La tonsilla
- E Il fegato

13 **Quando gli individui della prima generazione (F_1) presentano, per un carattere mendeliano, fenotipo intermedio tra quelli dei due genitori si tratta:**

- A di mutazione
- B di dominanza incompleta
- C di atavismo
- D di conseguenza di un avvenuto crossing-over
- E di delezione

14 **Andando dalla più ampia alla più ristretta, qual è l'esatta successione di categorie sistematiche?**

- A Ordine-famiglia-genere-specie
- B Genere-specie-ordine-famiglia
- C Famiglia-ordine-specie-genere
- D Specie-famiglia-ordine-genere
- E Ordine-genere-famiglia-specie

15 **Nel ciclo della PCR, l'utilizzo della temperatura alta (95°) ha lo scopo di:**

A attivare l'enzima Taq polimerasi
B appaiare il gene di interesse con il relativo primer
C denaturare la molecola di DNA nella fase iniziale del processo
D inattivare il gene selezionato
E permettere alla DNA polimerasi di iniziare l'allungamento

16 **Il centromero dei cromosomi, durante la divisione cellulare, si connette a:**

A lisosomi
B mitocondri
C membrana plasmatica
D microtubuli
E fibre acto-miosiniche

17 **Cosa s'intende per "cariotipo"?**

A L'insieme delle caratteristiche somatiche di un individuo
B L'insieme delle caratteristiche biologiche di un individuo
C L'insieme delle caratteristiche sessuali di un individuo
D L'insieme delle caratteristiche che identificano il corredo genetico di un individuo
E L'insieme delle caratteristiche che identificano il corredo cromosomico di un individuo

18 **Sono animali omeotermi:**

A le foche
B le chiocciole
C le lucertole
D gli squali
E le farfalle

19 **L'ingrossamento della tiroide può essere correlato a una carenza di:**

A ferro
B iodio
C manganese
D cobalto
E selenio

20 **Una mutazione avvenuta in un introne di un gene:**

A impedirà la produzione della proteina codificata dal gene
B provocherà la sostituzione di un amminoacido nella proteina codificata dal gene
C probabilmente non provocherà modificazioni nella proteina codificata dal gene
D provocherà la produzione di una proteina tronca
E causerà una malattia genetica

21 **L'amilasi è un enzima:**

A proteolitico
B glicolitico
C lipolitico
D lipoglicolitico
E carrier

© Alpha Test

22 **Nell'apparato circolatorio:**

A le vene cave nascono dal ventricolo destro
B le vene polmonari trasportano sangue venoso
C l'arteria polmonare trasporta sangue arterioso
D l'aorta trasporta sangue arterioso
E le arterie coronarie nascono dall'arteria polmonare

23 **Qual è la lunghezza massima della catena polipeptidica codificata da un frammento di mRNA di 15 nucleotidi?**

A 10 amminoacidi
B 5 amminoacidi
C 13 amminoacidi
D 3 amminoacidi
E 15 amminoacidi

24 **In quale processo biochimico cellulare sono implicati l'acido citrico, l'acido succinico e l'acido ossalacetico?**

A La fermentazione lattica
B Il ciclo di Krebs
C L'ossidazione dell'acido piruvico
D La fotosintesi
E La glicolisi anaerobia

25 **Nel citoplasma della cellula vegetale si trovano delle vescicole chiamate:**

A vacuoli
B vacuoli digestivi
C nucleosomi
D carioplasmi
E nessuna delle altre risposte è corretta

26 **Alcuni tipi di leucociti si distinguono per la differente colorabilità dei granuli che contengono. Come viene definito un leucocita che si colora con un colorante basico?**

A Neutrofilo B Monocita C Eosinofilo D Basofilo E Linfocita

27 **Quale dei seguenti livelli di organizzazione negli organismi viventi comprende tutti gli altri:**

A apparato
B tessuto
C cellula
D organo
E organulo cellulare

28 **Quale tra i seguenti è un procariota?**

A Il lievito
B L'HIV
C Il batteriofago
D Il mais
E Lo pneumococco

29 **Le basi azotate presenti negli acidi ribonucleici sono:**

A alanina-guanina-uracile-citosina

B adenina-timina-uracile-citosina

C adenina-guanina-pirimidina-citosina

D adenina-guanina-uracile-citosina

E adenina-guanina-timina-citosina

30 **Quanti cromosomi possiede una cellula somatica maschile?**

A 22 + XX B 44 + XY C 46 + XY D 44 + XX E 22 + XY

31 **Le mutazioni sono:**

A modificazioni casuali del materiale genetico, ereditabili dalle cellule figlie

B modificazioni casuali di proteine, non trasmissibili

C meccanismi con cui le cellule si difendono da eventi potenzialmente letali

D meccanismi di morte programmata delle cellule

E modificazioni del materiale genetico, non trasmissibili

32 **Un ecosistema è caratterizzato:**

A solo da un flusso di energia

B solo da un ciclo di materia

C da un flusso di energia e da un ciclo di materia

D solo da un ciclo di energia e da un ciclo di materia

E solo da un flusso di materia

33 **L'ossidazione di tre moli di glucosio secondo la reazione: $C_6H_{12}O_6 + 6\ O_2 \rightarrow 6\ CO_2 + 6\ H_2O$ produce:**

A 1 mole di H_2O

B 6 moli di CO_2

C 18 moli di CO_2

D 2 moli di H_2O

E 6 moli di H_2O e 6 moli di CO_2

34 **Un amminoacido NON presenta, legato al carbonio α:**

A un gruppo carbonilico

B un gruppo carbossilico

C un gruppo amminico

D un atomo di idrogeno

E un radicale che varia a seconda dell'amminoacido considerato

35 **I tioli sono composti organici contenenti:**

A azoto

B zolfo

C selenio

D fosforo

E zinco

36 **I legami presenti nella molecola di acqua (H_2O) sono:**

- **A** covalenti polari
- **B** a ponte di idrogeno
- **C** covalenti apolari
- **D** uno ionico e l'altro covalente
- **E** uno ionico e l'altro dativo

37 **La formula del carbonato di calcio è:**

- **A** $CaH(CO_3)_3$
- **B** $CaHCO_3$
- **C** $Ca(CO_3)_2$
- **D** $CaCO_3$
- **E** $Ca(HCO_3)_2$

38 **Il propanolo è un:**

- **A** idrocarburo aromatico
- **B** alcol
- **C** aldeide
- **D** chetone
- **E** etere

39 **Qual è la configurazione elettronica esterna degli elementi del primo gruppo?**

A s^2p^2 **B** s^2p^3 **C** s^3 **D** s^1 **E** s^1p^4

40 **Il pH di una soluzione acquosa che contiene 10^{-4} moli di HCl in 100 mL è:**

A 1 **B** 3 **C** 2 **D** 4 **E** 10

41 **Nella reazione: $Zn + 2\ HCl \rightarrow ZnCl_2 + H_2$:**

- **A** Zn si ossida
- **B** nessun elemento si ossida perché si ha solo riduzione
- **C** nessun elemento si ossida perché non è una reazione di ossido-riduzione
- **D** Cl si ossida
- **E** H si ossida

42 **L'inerzia chimica dei gas nobili deriva:**

- **A** dal fatto di avere un particolare rapporto massa/carica
- **B** dal fatto di avere l'ultimo livello elettronico incompleto
- **C** dal fatto di essere dei gas
- **D** dal fatto di avere tutti nell'ultimo livello una struttura elettronica stabile
- **E** dal fatto di non possedere caratteristiche metalliche

43 **Se una catena idrocarburica lineare è formata da cinque atomi di carbonio, quanti atomi di idrogeno sono necessari perché sia definita satura?**

A 15 **B** 12 **C** 20 **D** 5 **E** 10

44 **Un atomo ha numero di massa 18 e numero atomico 8; i neutroni contenuti nel suo nucleo sono:**

A 18 **B** 8 **C** 16 **D** 23 **E** 10

45 **Una soluzione 1,0 · 10^{-7} M di NaCl contiene:**

A 1,0 · 10^{-7} g di NaCl in un litro
B 1,0 · 10^{-6} moli di NaCl in 10 litri
C 1,0 · 10^{-7} mg di NaCl in un litro
D 1,0 · 10^{-7} millimoli di NaCl in un litro
E 1,0 · 10^{-7} moli di NaCl in un kg di acqua

46 **La molarità di una soluzione acquosa di HCl che contiene 0,4 moli di acido in 500 mL è:**

A 0,2 M B 2,0 M C 4,0 M D 0,8 M E 0,4 M

47 **Il solfito acido di sodio corrisponde a:**

A $NaHSO_3$ B $NaSO_3$ C $NaHSO_4$ D Na_2SO_3 E NaHS

48 **Indica la somma dei primi 50 numeri dispari:**

A 6500 B 4500 C 3500 D 2500 E 500

49 **La disequazione logaritmica $\log_{1/2}x > 2$ ammette soluzioni per:**

A $x < 0$ e $x > 1/4$
B $0 < x < 1/4$
C $x < 0$
D $x > 1/4$
E $x < 1/4$

50 **La disequazione $x^2 < x$ è soddisfatta per ogni x tale che:**

A $x > 0$
B $x < 1$
C $0 < x < 1$
D $-1 < x < 0$
E $x < -1$

51 **Nel piano cartesiano (x,y) il grafico ottenuto unendo i grafici delle due equazioni $x = \sqrt{y}$ e $x = -\sqrt{y}$, definite per $y \geq 0$, è:**

A una parabola
B un'iperbole
C un'ellisse
D una circonferenza
E una retta

52 **Quale delle seguenti equazioni rappresenta la retta passante per l'origine degli assi e per il punto (6; 3)?**

A $y = (1/2)x$
B $y = 3x + 3$
C $y = 2x$
D $y = x - 3$
E $y = x$

SETTIMA PROVA

© Alpha Test

53 **Si lanciano due dadi, uno rosso e uno blu. Qual è la probabilità che il numero del dado rosso sia maggiore di quello del dado blu?**

A 1/2
B 5/12
C 7/12
D 5/6
E Nessuna delle precedenti risposte è esatta

54 **La dose terapeutica di un farmaco per un adulto che pesa 800 N è di 200 mg. La dose dello stesso farmaco per un ragazzo di massa 40 kg sarà circa:**

A 400 mg
B la stessa
C 100 mg
D 4 g
E 50 mg

55 **1 kWh equivale a:**

A 3600 kcal B 3600 kJ C 3600 MeV D 3600 N E 360 kcal

56 **Quale, fra le seguenti relazioni, è corretta?**

A $2\ \text{kg} \cdot 6\ \text{cm/s}^2 = 8$ joule
B $0{,}2$ coulomb$/10^{-3}$ farad $= 200$ volt
C 8 joule$/2\ \text{m} = 8\ \text{kg} \cdot 2\ \text{m/s}^2$
D 2 ampere $= 0{,}4$ watt $\cdot$ 50 volt
E $10\ \text{kg} \cdot 3\ \text{m/s} = 30$ newton

57 **Ricordando il principio di Archimede, quale delle seguenti affermazioni è CORRETTA?**

A Il principio vale solo per i liquidi e non per i gas
B Il principio vale solo per liquidi in movimento
C Il principio non vale per liquidi viscosi
D Il principio vale solo se il corpo immerso ha densità uniforme
E Il principio prevede una "spinta" solo in presenza della forza di gravità

58 **Il campo elettrico e il campo magnetico sono campi vettoriali:**

A entrambi conservativi
B entrambi non conservativi
C il primo non conservativo, il secondo conservativo
D le cui linee di campo sono, in entrambi i casi, linee chiuse
E il primo conservativo, il secondo non conservativo

59 **Un corpo cade liberamente per due secondi. Al termine avrà percorso:**

A 10 m B 4,9 m C 20 m D 15 m E 13,7 m

60 **Due resistenze, rispettivamente di valore *r* e 2*r*, sono connesse in serie; quale valore *R* devono avere due resistenze uguali che, connesse in parallelo, forniscono una resistenza equivalente a quella prodotta dalle due resistenze in serie?**

A $r/3$ B $r/6$ C $3r/3$ D $3r$ E $6r$

SETTIMA PROVA

Soluzioni della settima prova

Alpha Test

Risposte esatte della settima prova

Verificare le risposte relative alle domande della settima prova

N.	Risposta	N.	Risposta	N.	Risposta
1	A	21	B	41	A
2	E	22	D	42	D
3	E	23	B	43	B
4	B	24	B	44	E
5	D	25	A	45	B
6	A	26	D	46	D
7	B	27	A	47	A
8	C	28	E	48	D
9	C	29	D	49	B
10	E	30	B	50	C
11	A	31	A	51	A
12	E	32	C	52	A
13	B	33	C	53	B
14	A	34	A	54	C
15	C	35	B	55	B
16	D	36	A	56	B
17	E	37	D	57	E
18	A	38	B	58	E
19	B	39	D	59	C
20	C	40	B	60	E

Simulazioni

OTTAVA PROVA

Scheda delle risposte

Alpha Test

Scheda per le risposte della ottava prova

Contrassegnare le risposte relative alle domande della ottava prova

	A	B	C	D	E		A	B	C	D	E		A	B	C	D	E
1	▢	▢	▢	▢	▢	21	▢	▢	▢	▢	▢	41	▢	▢	▢	▢	▢
2	▢	▢	▢	▢	▢	22	▢	▢	▢	▢	▢	42	▢	▢	▢	▢	▢
3	▢	▢	▢	▢	▢	23	▢	▢	▢	▢	▢	43	▢	▢	▢	▢	▢
4	▢	▢	▢	▢	▢	24	▢	▢	▢	▢	▢	44	▢	▢	▢	▢	▢
5	▢	▢	▢	▢	▢	25	▢	▢	▢	▢	▢	45	▢	▢	▢	▢	▢
6	▢	▢	▢	▢	▢	26	▢	▢	▢	▢	▢	46	▢	▢	▢	▢	▢
7	▢	▢	▢	▢	▢	27	▢	▢	▢	▢	▢	47	▢	▢	▢	▢	▢
8	▢	▢	▢	▢	▢	28	▢	▢	▢	▢	▢	48	▢	▢	▢	▢	▢
9	▢	▢	▢	▢	▢	29	▢	▢	▢	▢	▢	49	▢	▢	▢	▢	▢
10	▢	▢	▢	▢	▢	30	▢	▢	▢	▢	▢	50	▢	▢	▢	▢	▢
11	▢	▢	▢	▢	▢	31	▢	▢	▢	▢	▢	51	▢	▢	▢	▢	▢
12	▢	▢	▢	▢	▢	32	▢	▢	▢	▢	▢	52	▢	▢	▢	▢	▢
13	▢	▢	▢	▢	▢	33	▢	▢	▢	▢	▢	53	▢	▢	▢	▢	▢
14	▢	▢	▢	▢	▢	34	▢	▢	▢	▢	▢	54	▢	▢	▢	▢	▢
15	▢	▢	▢	▢	▢	35	▢	▢	▢	▢	▢	55	▢	▢	▢	▢	▢
16	▢	▢	▢	▢	▢	36	▢	▢	▢	▢	▢	56	▢	▢	▢	▢	▢
17	▢	▢	▢	▢	▢	37	▢	▢	▢	▢	▢	57	▢	▢	▢	▢	▢
18	▢	▢	▢	▢	▢	38	▢	▢	▢	▢	▢	58	▢	▢	▢	▢	▢
19	▢	▢	▢	▢	▢	39	▢	▢	▢	▢	▢	59	▢	▢	▢	▢	▢
20	▢	▢	▢	▢	▢	40	▢	▢	▢	▢	▢	60	▢	▢	▢	▢	▢

© Alpha Test

OTTAVA PROVA

Tempo a disposizione: 100 minuti – Tempo consigliato: 90 minuti

Ragionamento logico, competenze di lettura e conoscenze acquisite negli studi

Leggere il brano seguente e rispondere alle relative domande.

Le infezioni urinarie sono molto diffuse: circa il 20% delle donne ha, almeno una volta nella vita, sintomi di malattia; negli USA, le visite mediche collegate alle infezioni urinarie supererebbero annualmente i 5 milioni. L'infezione può interessare tutto o parte dell'apparato urinario ed essere sintomatica o asintomatica; in quest'ultimo caso si presenta talora solo con una batteriuria (presenza di batteri nelle urine) che, essendo l'unico segno di anormalità, è definita come "isolata". Le forme sintomatiche sono molto fastidiose – i disturbi più comuni sono bruciori intensi alla minzione (emissione delle urine) e frequenti stimoli ad urinare, anche ogni pochi minuti – e talora pericolose; per contro, le batteriurie isolate (che possono anche essere la conseguenza di un'infezione non correttamente trattata) sono in genere ben tollerate soggettivamente, pur con il rischio di un aggravamento, con comparsa di una sintomatologia di varia entità, o della subdola induzione di gravi lesioni del rene e/o delle vie urinarie. Specie nel bambino e nell'anziano, oltre al significato di malattia, queste infezioni – specialmente se recidivanti – hanno talora anche quello di spia di una situazione che favorisce l'impianto dei germi nell'apparato urinario. Alcune di queste anormalità (come ad esempio lesioni ostruttive al deflusso urinario, congenite od acquisite), se non corrette in tempo, sono capaci di causare gravi danni al rene. Nel soggetto sano le urine contenute in vescica sono sterili (ciò può essere facilmente dimostrato con un prelievo diretto delle urine in vescica con un catetere o con una puntura sovrapubica, metodi che peraltro non sono impiegati in routine) e ritrovarvi dei batteri ha significato di infezione. Nelle urine emesse spontaneamente sono invece presenti normalmente dei batteri, che provengono dal tratto più distale delle vie urinarie che collega la vescica all'esterno, l'uretra, sulla cui superficie sono fisiologicamente presenti. Nello studio delle infezioni urinarie la dimostrazione della presenza dei germi nelle urine, la loro identificazione e la determinazione della loro sensibilità ad agenti antibatterici è, ovviamente, di fondamentale importanza. Nella pratica clinica, per superare il problema posto dalla contaminazione che avviene durante la minzione, si ricorre a tecniche di conteggio batterico, che si basano sul rilievo che in caso di contaminazione durante la minzione si ha una positività a bassi conteggi (100/mL o più, in genere, comunque, meno di 10.000/mL); quando invece i germi sono già presenti in vescica (e vi è cioè l'infezione urinaria), in genere essi vanno incontro ad una rapida moltiplicazione che ne aumenta il numero in maniera esponenziale: se si ha l'avvertenza di seguire il conteggio su urine rimaste per un certo numero di ore in vescica (in genere: almeno cinque), in caso di infezione, si avranno pertanto conteggi elevati (100.000/mL o più) ed il test è definito come positivo. Un conteggio di 100.000 germi/mL nell'85% dei casi significa che vi è un'infezione; la probabilità si avvicina al 100% se la positività di oltre 100.000 batteri/mL è accertata su tre urine diverse. Per questi motivi, una corretta esecuzione del test prevede che si utilizzi preferibilmente l'urina della prima minzione del mattino (dopo almeno 5 ore dall'ultima minzione), che le urine siano raccolte in un recipiente sterile, e che siano conservate a freddo prima dell'esecuzione dell'esame, per evitare che durante questa attesa avvenga una moltiplicazione batterica.

1 In base alle informazioni riportate nel brano, UNA sola delle risposte è ERRATA: quale?

- A Specialmente nei bambini e negli anziani, infezioni urinarie recidivanti giustificano la ricerca di una lesione congenita od acquisita del rene o delle vie escretrici
- B La frequenza di infezioni urinarie nella donna in età fertile è così comune che non merita tenerne conto
- C Nella pratica clinica, la prescrizione di un conteggio batterico sulle urine non è razionalmente giustificata solo dal riscontro di sintomi clinici di infezione urinaria (bruciori, stimoli frequenti alla minzione, ecc.)
- D La corretta esecuzione di un conteggio batterico richiede che siano date al paziente precise istruzioni sulle modalità di raccolta e conservazione del campione da esaminare
- E Ritardare di alcune ore la consegna al laboratorio del campione urinario da esaminare, mantenendolo a temperatura ambiente, può rendere falsamente positivi i risultati del conteggio batterico

2 Delle seguenti affermazioni UNA sola NON CONSEGUE con quanto riferito nel testo:

- A non si può porre diagnosi di infezione urinaria in assenza di sintomi clinici
- B il conteggio batterico è un test fondamentale per diagnosticare le infezioni urinarie
- C le urine dei soggetti sani inviate in laboratorio contengono d'abitudine un certo numero di batteri
- D la presenza di un conteggio batterico di 10.000 batteri per ml non è di per sé significativo per una diagnosi di infezione urinaria
- E tra i giovani le donne sono più esposte alle infezioni urinarie degli uomini

Rispondere alle seguenti domande.

3 Quale dei seguenti uomini politici non fu mai eletto Presidente della Repubblica?

A Nenni B Gronchi C Leone D Saragat E Pertini

4 Quale tra i seguenti gerarchi fascisti è stato uno dei quadumviri ai quali il 16 ottobre 1922 fu affidato a Milano il compito di preparare la "marcia su Roma"?

- A Italo Balbo
- B Roberto Farinacci
- C Achille Starace
- D Aurelio Padovani
- E Giuseppe Bottal

Risolvere i seguenti problemi.

5 "Se è vero ciò che dici, presto troveremo il colpevole". Se la precedente affermazione è vera, allora NON è necessariamente vero che:

- A se non troviamo presto il colpevole è perché non è vero ciò che dici
- B non è condizione necessaria il fatto che sia vero ciò che dici affinché presto troviamo il colpevole
- C è sufficiente che sia vero ciò che dici affinché presto troviamo il colpevole
- D se troviamo presto il colpevole è perché è vero ciò che dici
- E non è condizione necessaria e sufficiente il fatto che sia vero ciò che dici affinché presto troviamo il colpevole

© Alpha Test

6 **In un paese si dà il caso che in tutte le famiglie con almeno due figli ci sia una figlia femmina. Si può dunque dedurre che in una famiglia:**

A se un figlio maschio non ha sorelle, allora è figlio unico
B non ci possono essere due figli maschi
C ogni figlia femmina ha un fratello maschio
D non ci sono famiglie con un figlio unico
E ogni figlio maschio ha una sorella

7 **Stefano ha a sua disposizione due combinazioni di mezzi pubblici per raggiungere il posto di lavoro. Può prendere il tram che va a 15 km/h per i 5/6 del tragitto e poi l'autobus che va a 25 km/h, oppure può prendere il tram per 1/3 del tragitto, la metropolitana che va a 60 km/h per metà percorso e poi l'autobus. Supponendo (per assurdo) che non vi siano tempi d'attesa per i vari cambi di mezzo e sapendo che, con la seconda alternativa, Stefano può partire un quarto d'ora dopo, quanto dista la sua casa dal lavoro?**

A 10 km
B 15 km
C 1000 m
D 12 km
E 49 min

8 **Se in una certa zona la piovosità media è di 360 millimetri all'anno, quanto piove mediamente in due anni e cinque mesi?**

A 270 millimetri
B 1.050 millimetri
C 570 millimetri
D 970 millimetri
E 870 millimetri

9 **L'azienda Epsilon produce cappelli e guanti. Nel 2022 ha esportato complessivamente 15.000 pezzi, di cui il 20% in Europa.**

Sapendo che il 70% dei pezzi esportati al di fuori dell'Europa è costituito da cappelli, calcolare il numero di guanti esportati al di fuori dell'Europa nel 2022.

A 900
B 2100
C 3600
D 8400
E 6200

A) se solo il maschio non ha sorelle, allora è l'unico [illegible]

D) [illegible]
E) [illegible] figlia femmina ha una sorella

B) [illegible]
C) [illegible]
D) [illegible]
E) [illegible]

A) [illegible] millimetri
B) [illegible] millimetri
C) [illegible] millimetri
D) [illegible] millimetri
E) [illegible] millimetri

A) [illegible]
B) 2100
C) 1800
D) [illegible]
E) [illegible]

Biologia, chimica, matematica e fisica

10 La struttura su cui sono attaccati i ribosomi nel citoplasma si chiama:

A plasmalemma reticolare
B dittiosoma
C vacuolo
D mitocondrio
E reticolo endoplasmatico rugoso

11 La glicolisi è la via che dà inizio al catabolismo del glucosio. In quale comparto della cellula avviene?

A Nel citosol
B Nella matrice dei mitocondri
C Tra le due membrane dei mitocondri
D Nel reticolo endoplasmatico liscio
E Nell'apparato di Golgi

12 Per antibiotico si intende:

A un composto indispensabile per i batteri
B un composto tossico solo per i virus
C un composto tossico per tutti gli organismi
D una proteina secreta dalla tiroide
E un composto di origine biologica tossico per organismi di specie diversa da quelli che lo hanno prodotto

13 La specie umana ha un corredo cromosomico di 46 cromosomi, tra i quali X ed Y. I gameti maschili contengono:

A 46 cromosomi tra i quali X ed Y
B 22 cromosomi più un Y oppure un X
C sempre 22 cromosomi e un cromosoma X
D sempre 22 cromosomi e un cromosoma Y
E 22 cromosomi

14 Il diabete è caratterizzato principalmente da:

A livello di glucosio nel sangue (glicemia) elevato
B dolori alle articolazioni
C problemi digestivi
D difficoltà respiratorie
E alta concentrazione di trigliceridi nel sangue

15 **Un piccolo uccello granivoro si nutre dei semi di due specie di falasco, una pianta palustre. Gli individui con il becco grosso rompono con facilità i semi duri di una specie mentre gli esemplari con il becco piccolo consumano con facilità i semi piccoli e teneri dell'altra. Gli individui di dimensioni intermedie sono sfavoriti nel consumo sia dei semi duri sia dei semi teneri. Il processo di selezione che ne deriva sarà**

A sessuale
B artificiale
C divergente
D stabilizzante
E direzionale

16 **Il codice genetico è detto degenerato perché ci sono:**

A troppe basi per codificare
B troppi amminoacidi da codificare
C più amminoacidi per ogni tripletta
D più triplette per ogni amminoacido
E sia triplette che duetti per codificare gli amminoacidi

17 **Quale dei seguenti ormoni viene prodotto dal testicolo?**

A Glucagone
B Insulina
C Corticosterone
D Ormone tireotropo
E Testosterone

18 **Un organismo che si riproduce asessualmente genera figli che normalmente sono:**

A geneticamente identici tra loro
B geneticamente più evoluti rispetto ai genitori
C più adatti al loro ambiente
D capaci di sopravvivere più a lungo
E con una variabilità genetica più elevata

19 **Oltre all'anidride carbonica e all'energia solare qual è il terzo fattore fondamentale perché si realizzi la fotosintesi?**

A L'aria
B L'acqua
C La temperatura elevata
D L'ossigeno
E L'azoto

20 **Quante sono le meningi?**

A Una
B Due
C Tre
D Quattro
E Sei

© Alpha Test

21 Quale delle seguenti affermazioni, riguardanti la meiosi, è FALSA?

A A differenza della mitosi, con la meiosi si ha la riduzione da corredo genetico in doppia copia a corredo genetico in semplice copia

B La meiosi genera quattro cellule figlie, due delle quali sono identiche alla cellula madre

C La meiosi, per convenzione, viene distinta in meiosi I (prima divisione) e meiosi II (seconda divisione)

D La meiosi si compie in due tappe, che determinano la formazione di quattro cellule figlie

E Durante la meiosi i cromosomi formano coppie di omologhi

22 Quali possibili genotipi può avere il padre di un figlio di gruppo sanguigno B e madre 0?

A A, B o AB

B A, B o 0

C Soltanto B

D B o AB

E B o 0

23 I plasmidi sono:

A piccoli frammenti circolari di DNA virale

B piccoli frammenti circolari di DNA batterico

C piccoli frammenti lineari di DNA batterico

D piccoli frammenti lineari di DNA virale

E batteri anaerobici

24 Che differenza c'è tra polipo e polpo?

A Il primo è un mollusco, il secondo un bivalve

B Il primo è un animale coloniale, il secondo un animale solitario

C Il primo è un vertebrato, il secondo un invertebrato

D Il primo è un invertebrato, il secondo un vertebrato

E Nessuna, sono due varianti del nome di uno stesso animale

25 La respirazione è caratteristica:

A degli organismi autotrofi e degli eterotrofi

B esclusivamente degli organismi eterotrofi

C esclusivamente degli organismi autotrofi

D degli organismi autotrofi e dei saprofiti

E degli organismi eterotrofi e dei saprofiti

26 Il numero di vertebre cervicali nella specie umana è:

A 3

B 12

C 5

D 7

E 10

27 Sono tutte ossa del cingolo e dell'arto superiore:

- A scapola, clavicola, ulna, ossa metacarpali
- B sterno, clavicola, radio, ossa del carpo
- C scapola, clavicola, rotula, omero
- D clavicola, vertebre toraciche, radio, ulna
- E scapola, omero, ulna, ossa del tarso

28 I lisosomi assumono un ruolo fondamentale:

- A nella sintesi proteica se legati al reticolo endoplasmatico
- B nella secrezione cellulare
- C nella digestione cellulare
- D nella respirazione cellulare
- E nell'assemblaggio delle sostanze prima della secrezione

29 Quale tra le seguenti affermazioni riguardanti il sistema endocrino è SCORRETTA?

- A L'insulina è un ormone steroideo
- B Esistono ormoni steroidei e non steroidei
- C Per molti ormoni il secondo messaggero è l'AMP ciclico
- D Tutti gli ormoni prodotti dall'ipotalamo sono peptidici
- E Le cellule che possiedono i recettori adatti producono una risposta funzionale all'ormone

30 La trasduzione è:

- A il meccanismo che permette di produrre proteine diverse partendo dallo stesso gene
- B un'anomalia cromosomica
- C lo spostamento di un trasposone all'interno del genoma
- D il trasferimento di geni da una cellula batterica ad un'altra tramite un fago
- E una fase della sintesi proteica

31 Che cos'è il ciclo cellulare?

- A Lo scambio di materiale genico tra i batteriofagi che assicura la ricombinazione genica nei batteri
- B Il processo durante il quale il corredo cromosomico si duplica e che ha come risultato finale la formazione dei gameti
- C Il ciclo vitale di una cellula eucariote, suddiviso in due fasi principali: interfase e divisione cellulare
- D Il processo che porta alla formazione di due cellule figlie con patrimonio genetico raddoppiato
- E Il processo che porta alla formazione di quattro cellule figlie con patrimonio genetico dimezzato

32 Quale dei seguenti accoppiamento struttura-funzione è corretto?

- A Citoscheletro - movimento cellulare
- B Ribosomi liberi - sintesi di proteine integrali di membrana
- C Nucleolo - sintesi di RNA messaggero
- D Reticolo endoplasmatico liscio - sintesi delle proteine
- E Apparato di Golgi - digestione intracellulare

© Alpha Test

33 **14 grammi di azoto reagiscono con idrogeno secondo la seguente reazione (in cui non viene indicato il prodotto): 3 $H_2 + N_2$. Determinare il nome del prodotto e la quantità che si forma. (peso atomico relativo dell'azoto = 14)**

- A Ammoniaca; 34,0 grammi
- B Ammoniaca; 8,5 grammi
- C Ammoniaca; 17,0 grammi
- D Acido nitrico; 34,0 grammi
- E Acido nitroso; 17,0 grammi

34 **La notazione degli elettroni secondo Lewis è uguale per tutti gli elementi:**

- A appartenenti allo stesso gruppo della tavola periodica
- B appartenenti allo stesso periodo della tavola periodica
- C aventi natura simile (per es. metalli)
- D di transizione
- E di transizione interna

35 **Il peso molecolare del cloruro di sodio (NaCl) è 58. Quanti grammi di NaCl è necessario pesare per ottenere 10 litri di soluzione 0,2 molare?**

- A 58
- B 116
- C 11,6
- D 580
- E 0,2

36 **Secondo la legge di Lavoisier in una trasformazione chimica rimane costante:**

- A la massa del sistema
- B la densità del sistema
- C il volume delle sostanze
- D lo stato di aggregazione delle sostanze
- E il contenuto energetico

37 **Gli elementi del primo gruppo, detti anche elementi alcalini, presentano la seguente caratteristica comune:**

- A a temperatura e pressione ambiente sono tutti gas
- B sono elementi difficili da trovare in natura
- C formano legami covalenti con elementi del settimo gruppo
- D formano con grande facilità i corrispondenti cationi monovalenti
- E formano con grande facilità sia cationi monovalenti che bivalenti

38 **Il composto KIO_4 si chiama:**

- A periodato di sodio
- B periodato di potassio
- C iodato di potassio
- D tetraioduro di potassio
- E ioduro di potassio

39 **Un anione è:**

- A un atomo che ha acquistato protoni
- B un atomo che ha perso protoni
- C un atomo che emette raggi gamma
- D una particella mono- o pluri-atomica con una o più cariche negative
- E una sostanza contenente il gruppo funzionale delle ammine

40 **La riduzione di un'aldeide produce:**

- A un'ammina
- B un alcol primario
- C un alcol secondario
- D un acido carbossilico
- E acqua

41 **L'entropia può essere definita come:**

- A la misura dello stato di disordine molecolare di un sistema
- B la somma di tutte le energie possedute dal sistema
- C il calore scambiato in una trasformazione a pressione costante
- D una misura dell'energia media dei legami presenti negli individui chimici che compongono il sistema
- E la variazione di energia di un sistema in seguito a una trasformazione

42 **Gli orbitali sp^2 formano angoli di ampiezza:**

- A 109,5°
- B 45°
- C 90°
- D 120°
- E 180°

43 **Quale delle seguenti sostanze è un polimero?**

- A Aspirina
- B Cellulosa
- C Biossido di carbonio
- D Gas naturale
- E Glucosio

44 **Indicare quale delle seguenti sostanze dà in acqua una soluzione basica:**

- A HCl
- B CaO
- C SO_3
- D CO_2
- E CH_3COOH

© Alpha Test

45 **Facendo reagire due moli di idrogeno con 4 moli di cloro, quante moli di acido cloridrico si formano?**

A 6

B 2

C 8

D 4

E 3

46 **Quale delle seguenti è una reazione di combustione?**

A $10\ FeSO_{4(l)} + 2\ KMnO_{4(l)} + 8\ H_2SO_{4(l)} \rightarrow 5\ Fe_2(SO_4)_{3(l)} + 2\ MnSO_{4(l)} + K_2SO_{4(l)} + 8\ H_2O_{(l)}$

B $2\ Na_{(s)} + 2\ H_2O \rightarrow 2\ NaOH_{(l)} + H_{2(g)}$

C $Fe_{(s)} + 1/2\ O_{2(g)} \rightarrow FeO_{(s)}$

D $CH_{4(g)} + 2\ O_{2(g)} \rightarrow CO_{2(g)} + 2\ H_2O_{(l)}$

E $AgNO_{3(l)} + KCl_{(l)} \rightarrow AgCl_{(s)} + KNO_{3(l)}$

47 **Quanto pesa una mole di carbonio (numero di massa 12, numero atomico 6)?**

A 12 g

B 18 g

C Una quantità in grammi pari al numero di Avogadro

D 12 kg

E 6 g

48 **Dati i seguenti monomi $5xy^2$, $15x^2yz$, $10x^2y^2z^2$ allora il loro m.c.m. (minimo comune multiplo) è:**

A $5xy$

B $30x^2y^2z^2$

C $30x^2z^2$

D $150x^2y^2z^2$

E $50x^3y^3z^3$

49 **La probabilità che lanciando due dadi si ottengano due numeri la cui somma vale 5 è, rispetto a quella di ottenere due numeri la cui somma vale 4:**

A maggiore

B minore

C uguale

D doppia

E nessuna delle altre risposte è corretta

50 **Si consideri la seguente serie di numeri: 5, 13, 7, 9, 11. La media e la mediana sono rispettivamente:**

A 7 e 7

B 9 e 7

C 11,25 e 9

D 9 e 9

E 11,25 e 7

51 **L'espressione $\sqrt{3}-\sqrt[3]{3}$ vale:**

A $\sqrt[6]{3}$

B $\sqrt[5]{3^6}$

C $\sqrt[6]{3^2}$

D $\sqrt{9}-\sqrt[6]{9}$

E Nessuna delle altre risposte è corretta

52 **La retta di equazione $y = x - 2$ e la circonferenza di equazione $x^2 + y^2 = 1$ sono:**

A tangenti in (1, 0)

B tangenti in (2, 0)

C tangenti in (0, 1)

D secanti

E esterne

53 **Qual è la soluzione del sistema** $\begin{cases} x + y = 3 \\ 3x - y = 1 \end{cases}$ **?**

A $x = 2; y = 1$

B $x = 6; y = -3$

C $x = 6; y = 5$

D $x = 1; y = 2$

E $x = 3; y = 1$

54 **Individuare, tra le seguenti, le affermazioni corrette.**

a) Se raddoppiamo la lunghezza di un filo metallico, la sua resistenza raddoppia

b) Se due lampadine sono collegate in serie, quando una brucia anche l'altra si spegne

c) Se due lampadine sono collegate in parallelo, quando una brucia l'altra emette più luce

A b); c)

B nessuna

C a); c)

D a); b)

E a); b); c)

55 **Se si aumenta la temperatura di un gas perfetto, si può affermare che l'energia cinetica delle molecole:**

A rimane sempre costante

B aumenta linearmente

C diminuisce sempre

D diminuisce solo per gas poliatomici

E aumenta esponenzialmente

56 **Una sfera omogenea di raggio R = 10 cm, costituita da un certo materiale, pesa 1 kg. Una sfera costituita dallo stesso materiale e di raggio R′ = 20 cm pesa:**

A 1 kg

B 2 kg

C 4 kg

D 6 kg

E 8 kg

© Alpha Test

57 **Una forza di 10 N è inclinata rispetto alla direzione dello spostamento di 60°. Se la forza sposta il suo punto di applicazione di 40 cm, il lavoro compiuto vale:**

A 1 joule
B 2 joule
C 4 joule
D 200 joule
E 400 joule

58 **Per portare 20 litri di acqua dalla temperatura di 10 °C alla temperatura di 90 °C occorrono:**

A 160 cal
B 20 J
C 700 kcal
D 1600 kcal
E 66979 J

59 **Un corpo di volume V viene immerso in un liquido. Se il corpo affonda, quale delle seguenti relazioni che legano il peso specifico del corpo P_C al peso specifico del liquido P_L**

A $V \cdot P_C = P_L$
B $P_C < P_L$
C $P_C = P_L$
D $P_C > P_L$
E $9,81 \cdot P_C = P_L$

60 **Due fili rettilinei percorsi da correnti discordi posti a una distanza *d*:**

A si respingono con una forza che cresce al diminuire di *d*
B si respingono con una forza che cresce al crescere di *d*
C si attraggono con una forza che cresce al diminuire di *d*
D si attraggono con una forza che non dipende dalla distanza *d*
E si respingono con una forza che non dipende dalla distanza *d*

OTTAVA PROVA

Soluzioni della ottava prova

Alpha Test — Risposte esatte della ottava prova

Verificare le risposte relative alle domande della ottava prova

	A	B	C	D	E		A	B	C	D	E		A	B	C	D	E
1	□	■	□	□	□	21	□	■	□	□	□	41	■	□	□	□	□
2	□	□	□	□	■	22	□	□	□	■	□	42	□	□	□	■	□
3	■	□	□	□	□	23	□	■	□	□	□	43	□	■	□	□	□
4	■	□	□	□	□	24	□	■	□	□	□	44	□	■	□	□	□
5	□	□	□	■	□	25	■	□	□	□	□	45	□	□	□	■	□
6	■	□	□	□	□	26	□	□	□	■	□	46	□	□	□	■	□
7	■	□	□	□	□	27	■	□	□	□	□	47	■	□	□	□	□
8	□	□	□	□	■	28	□	□	■	□	□	48	□	■	□	□	□
9	□	□	■	□	□	29	■	□	□	□	□	49	■	□	□	□	□
10	□	□	□	□	■	30	□	□	□	■	□	50	□	□	□	■	□
11	■	□	□	□	□	31	□	□	■	□	□	51	□	□	□	□	■
12	□	□	□	□	■	32	■	□	□	□	□	52	□	□	□	□	■
13	□	■	□	□	□	33	□	□	■	□	□	53	□	□	□	■	□
14	■	□	□	□	□	34	■	□	□	□	□	54	□	□	□	■	□
15	□	□	■	□	□	35	□	■	□	□	□	55	□	■	□	□	□
16	□	□	□	■	□	36	■	□	□	□	□	56	□	□	□	□	■
17	□	□	□	□	■	37	□	□	□	■	□	57	□	■	□	□	□
18	■	□	□	□	□	38	□	■	□	□	□	58	□	□	□	■	□
19	□	■	□	□	□	39	□	□	□	■	□	59	□	□	□	■	□
20	□	□	■	□	□	40	□	■	□	□	□	60	■	□	□	□	□

OTTAVA PROVA

Simulazioni

NONA PROVA

Scheda delle risposte

Alpha Test

Scheda per le risposte della nona prova

Contrassegnare le risposte relative alle domande della nona prova

	A	B	C	D	E		A	B	C	D	E		A	B	C	D	E
1						21						41					
2						22						42					
3						23						43					
4						24						44					
5						25						45					
6						26						46					
7						27						47					
8						28						48					
9						29						49					
10						30						50					
11						31						51					
12						32						52					
13						33						53					
14						34						54					
15						35						55					
16						36						56					
17						37						57					
18						38						58					
19						39						59					
20						40						60					

© Alpha Test

NONA PROVA

Tempo a disposizione: 100 minuti – Tempo consigliato: 90 minuti

Ragionamento logico, competenze di lettura e conoscenze acquisite negli studi

In base alle informazioni contenute nel brano seguente, rispondere alle successive domande.

«Un secolo fa, nell'estate del 1901, Luigi Pirandello scelse il Piemonte per le sue vacanze: fu a Coazze, in Val Sangone, ospite della sorella Lina che abitava a Torino. Quel paesino tra le montagne, ricco di acque e ombreggiato dai castagneti, conquistò il suo cuore di siciliano, abituato a terre arse dal sole: tanto che, arrivato a metà agosto, finì per restarvi fino a ottobre inoltrato. In questi giorni il comune di Coazze si prepara a celebrare la ricorrenza con mostre e manifestazioni. Nel taccuino che tenne in quella lunga estate, il grande drammaturgo annotò, tra le altre cose, l'iscrizione sul campanile della chiesa parrocchiale «Ognuno a suo modo». Uno spiritoso ed enigmatico invito alla tolleranza, legato probabilmente a qualche antica faida di paese. Sarà un caso, ma più di vent'anni dopo, per una sua opera (una delle *Maschere nude*) avrebbe scelto appunto il titolo *Ciascuno a modo suo.* Era il 1924, quando Qualcuno che Pirandello ben conosceva, pretendeva che tutti facessero a modo suo, e non loro. Forse non era mai passato sotto il campanile di Coazze.»

da «il Sole-24 Ore», 13/05/2001

1 **Tutte le seguenti illazioni possono legittimamente essere tratte da questo elzeviro, a eccezione di una. Quale?**

- **A** Anche una persona che cresce in terre aride e assolate può essere conquistato dalla pace e dal clima di un paesino sulle montagne
- **B** Pirandello, che non amava chi faceva a modo suo, infischiandosene dell'ordine sociale e delle esigenze della collettività, scrive un'opera in cui condanna questo atteggiamento di qualunquismo e menefreghismo
- **C** Gli appunti personali e i taccuini privati di uno scrittore possono rivelare interessanti caratteristiche delle loro opere
- **D** Gli abitanti di Coazze si erano autoimposti un invito alla tolleranza, forse anche a causa di un'antica faida di paese
- **E** È possibile che un'osservazione "impigliata" nella memoria riaffori anche dopo diversi anni e dia origine a una storia o che sia la storia stessa che, richiamando alla memoria l'osservazione, la faccia sua

2 **Chi, secondo la conclusione del brano, "non era mai passato sotto il campanile di Coazze"?**

A Lina, la sorella di Pirandello

B Luigi Pirandello stesso

C Il personaggio dell'opera "Ciascuno a modo suo"

D L'attuale sindaco del comune di Coazze

E Benito Mussolini

Rispondere alle seguenti domande.

3 **Di quale tra i notissimi autori russi citati nelle alternative fu contemporaneo il poeta Giosue Carducci?**

A Boris Pasternak

B Aleksandr Puskin

C Aleksandr Solzenicyn

D Nikolaj Gogol

E Lev Tolstoj

4 **Negli anni Venti del XX secolo la Spagnola fu in Europa la causa prima di un numero di morti addirittura superiori a quello avutosi nella Grande guerra. Si trattò di un'epidemia di:**

A colera

B aids

C lue

D tifo

E influenza

5 **La frase: "È stata respinta la prova della negazione della certezza che i cattivi non si astengono dal manifestare avversione per i buoni":**

A significa che i cattivi non amano i buoni

B significa che i buoni amano i cattivi

C significa che i buoni non amano i cattivi

D significa che i cattivi amano i buoni

E è priva di significato

6 **Un negoziante acquista 300 confezioni di prezzemolo surgelato. A causa di un guasto alla cella frigorifera durante il trasporto, deve buttare 1/3 delle confezioni. Mentre si stanno scaricando le confezioni rimanenti una scatola che conteneva 1/10 del prezzemolo rimasto cade in un tombino e va perduta. Durante la notte un ladro si introduce in negozio e ruba metà del prezzemolo rimasto, provocando anche un piccolo incendio che distrugge 60 delle confezioni residue. Il numero di confezioni messe in vendita dallo sfortunato commerciante che frazione è del numero di confezioni iniziali?**

A 30

B 1/10

C 1/5

D 1/15

E 1/8

© Alpha Test

7 **34 ricamatrici producono a macchina 1768 centrini al giorno. Lavorando allo stesso ritmo, quanti centrini verranno confezionati al giorno da 60 ricamatrici?**

A 3300
B 3060
C 3120
D 3400
E 3420

8 **Lungo il perimetro di un giardino possono essere piantati 12 meli distanti fra loro 2 metri. Se si aumenta di un metro la distanza fra i meli, quante piante sono sufficienti? (NB: Tutte le distanze sono misurate lungo il perimetro)**

A 10 piante
B 6 piante
C 8 piante
D 24 piante
E 11 piante

9 **Considerata la premessa: se Enea mangerà le carote a pranzo, Alice non potrà preparare la torta di carote come dessert per la cena. Consideriamo le quattro opzioni:**

A Enea non ha mangiato le carote a pranzo quindi Alice ha preparato la torta per la cena.

B Alice ha preparato la torta di carote per la cena per cui Enea non ha mangiato le carote a pranzo.

C Enea ha mangiato le carote a pranzo per cui Alice non ha preparato la torta di carote per la cena.

D Alice non ha preparato la torta di carote per la cena quindi Enea ha mangiato le carote a pranzo.

Quale/i di queste, per la regola del "modus ponens" o del "modus tollens", è/sono logicamente corrette?

A A, B e C
B A, C e D
C A e D
D B e D
E B e C

NONA PROVA

Biologia, chimica, matematica e fisica

10 Gli eritrociti sono:

A globuli rossi
B nessuna delle altre risposte è corretta
C macrofagi
D monociti
E globuli rossi e globuli bianchi

11 Il materiale genetico dei virus risulta formato di:

A contemporaneamente DNA e RNA
B DNA, oppure RNA
C esclusivamente DNA
D esclusivamente RNA
E particolari proteine

12 Quale delle seguenti proteine ha funzione enzimatica?

A Caseina
B Glucagone
C Emoglobina
D Collagene
E Pepsina

13 Con la fecondazione, lo spermatozoo trasferisce alla cellula uovo:

A il nucleo
B la membrana plasmatica
C il flagello
D i mitocondri
E l'acrosoma

14 Che cos'è la deriva genetica?

A Un cambiamento casuale nel pool genico di una popolazione
B Il successo riproduttivo di una specie su un'altra
C La generazione di nuovi alleli dovuta a mutazione
D La perdita di geni dovuta ad accoppiamento non casuale
E L'acquisizione o la perdita di alleli da parte di una popolazione in seguito a migrazione

15 La maggior parte delle cellule procariotiche ha dimensioni comprese tra:

A 20 e 25 nm
B 2 e 5 nm
C 1 e 10 nm
D 100 e 150 μm
E 0,5 e 5 μm

16 **Lo zucchero contenuto in un acido nucleico è:**

A solo il ribosio
B solo il glucosio
C legato a due gruppi fosforici
D il ribosio o il deossiribosio, a seconda che si tratti di RNA o DNA
E solo il deossiribosio

17 **La distrofia muscolare è una malattia legata al cromosoma X di tipo recessivo. Una donna portatrice sana sposa un uomo sano. Qual è la probabilità che possa nascere un figlio maschio malato?**

A 0%
B 1%
C 25%
D 50%
E 100%

18 **Le ghiandole sebacee e sudoripare sono tipicamente ghiandole:**

A surrenali
B vestibolari
C esocrine
D vescicolari
E endocrine

19 **Delle seguenti affermazioni, riguardanti la teoria evolutiva, quale è ERRATA?**

A Le affinità morfologiche e biochimiche tra specie diverse indicano che queste derivano da progenitori ancestrali comuni
B L'evoluzione non è un processo che implichi necessariamente un aumento progressivo della complessità degli organismi appartenenti a una data specie
C Charles Darwin postulava l'evoluzione tramite il meccanismo della selezione naturale
D L'ala dell'insetto e l'ala dell'uccello rappresentano un esempio di organi analoghi
E A causa dei processi evolutivi, negli individui delle generazioni successive della stessa specie si osservano cambiamenti del genotipo causate dalle alterazioni del fenotipo acquisite in vita dai loro predecessori

20 **Quale, tra le seguenti affermazioni, è corretta?**

A Il sangue venoso parte dal ventricolo sinistro e attraverso le vene cave raggiunge i tessuti
B Il sangue arterioso parte dal ventricolo destro e attraverso l'aorta si porta ai tessuti
C Il sangue venoso parte dal ventricolo destro e giunge ai polmoni attraverso le arterie polmonari
D Il sangue venoso parte dal ventricolo sinistro e giunge ai polmoni attraverso le vene polmonari
E Il sangue venoso parte dal ventricolo destro e giunge ai polmoni attraverso le vene polmonari

21 **Una malattia genetica, autosomica dominante:**

A si manifesta solo in condizioni di omozigosi
B è sempre trasmessa alla progenie
C può essere trasmessa solo ai figli maschi
D può essere trasmessa da un solo genitore
E è sempre trasmessa dalla madre

 © Alpha Test

22 **Il significato del termine "analgesia" è:**

A suturazione di vasi sanguigni
B intolleranza al lattosio
C sensibilità al dolore
D assenza della sensazione del dolore
E perdita di liquidi biologici

23 **Valutate le seguenti affermazioni:**
1) gli enzimi modificano il punto di equilibrio delle reazioni chimiche;
2) negli esseri viventi, nelle reazioni chimiche in cui si verifica formazione o rottura di un legame covalente è generalmente coinvolto un enzima;
3) gli enzimi accelerano la velocità delle reazioni chimiche.

A Solo la 2 è esatta
B Solo la 3 è esatta
C La 1 e la 2 sono esatte
D La 1 e la 3 sono esatte
E La 2 e la 3 sono esatte

24 **Il ruolo dell'ossigeno nel catabolismo aerobico del glucosio è quello di:**

A legarsi al glucosio e determinarne la degradazione
B catalizzare la sintesi di ATP
C accettare elettroni dalla catena respiratoria
D convertire acido piruvico in acido lattico
E convertire acido ossalacetico in acido citrico

25 **La meiosi consente:**

A la formazione di due cellule aploidi, una con i cromosomi di origine materna e una con i cromosomi di origine paterna
B la moltiplicazione dello zigote a formare l'embrione
C la duplicazione del DNA nei gameti
D la ricombinazione e il dimezzamento del numero dei cromosomi
E a un organismo di aumentare il numero delle proprie cellule

26 **Se nella generazione F_2 le piante con seme liscio sono in rapporto di 3:1 rispetto a quelle con seme rugoso, ciò vuol dire che:**

A il carattere seme rugoso è regressivo
B essendo presente nei 3/4 della discendenza, il carattere seme liscio ha una dominanza incompleta
C le due piante della generazione parentale sono rispettivamente omozigote dominante e omozigote recessivo
D entrambi i caratteri sono recessivi
E la pianta in esame non segue la legge della dominanza

27 **L'assemblaggio dei ribosomi avviene:**

A nel reticolo endoplasmatico rugoso
B nel nucleolo
C nei lisosomi
D nell'apparato di Golgi
E nel citoplasma

28 **In seguito alla fotosintesi si ha la liberazione di:**

- A CO_2
- B ossigeno
- C azoto
- D sali minerali
- E H_2O

29 **I processi di trasporto di ioni operanti nelle cellule di mammifero promuovono il mantenimento di gradienti ionici tra citoplasma e mezzo esterno extracellulare tali che:**

- A la concentrazione di Ca^{2+} è più elevata dentro la cellula
- B la concentrazione di Na^+ è più elevata nel citoplasma
- C la concentrazione di K^+ è più elevata dentro la cellula
- D le concentrazioni di Na^+ fuori e dentro la cellula sono mantenute più o meno equivalenti
- E nessuna delle precedenti risposte è corretta

30 **Una di queste affermazioni riguardante le cellule nervose è falsa. Quale?**

- A Sono continuamente rinnovate nel corso della vita
- B Comunicano fra loro utilizzando impulsi elettrici
- C Contengono un nucleo nel quale è depositato il DNA
- D Scambiano fra loro delle macromolecole organiche
- E Posseggono una membrana permeabile ad alcune sostanze chimiche

31 **Se la percentuale di adenina nel DNA di un organismo è 32%, qual è la percentuale di guanina?**

- A 18%
- B 40%
- C 16%
- D 36%
- E 32%

32 **La colchicina inibisce la formazione del fuso mitotico. Nelle cellule eucariotiche trattate con questa sostanza:**

- A non si duplica il DNA
- B non si condensano i cromosomi
- C non avviene il crossing-over
- D non avviene la divisione cellulare
- E viene persa la forma

33 **La somma algebrica dei numeri di ossidazione degli atomi di NH_4^+ è:**

- A 0
- B –1
- C –4
- D +1
- E +4

© Alpha Test

34 **Le reazioni caratteristiche del benzene sono di:**

A sostituzione nucleofila
B sostituzione radicalica
C addizione elettrofila
D addizione nucleofila
E sostituzione elettrofila

35 **Gli isotopi di uno stesso elemento:**

A hanno diverso numero atomico
B hanno diverso numero di elettroni
C non hanno differenze
D hanno diverso numero di neutroni
E hanno diverso numero di protoni

36 **L'etanolo per ossidazione dà:**

A etilene
B etano
C acetone
D aldeide acetica
E acetato di etile

37 **Il glucosio si scioglie in acqua ma è quasi insolubile nell'esano. Quale tra le seguenti affermazioni è corretta?**

A Il glucosio è costituito da molecole polari
B Il glucosio è una sostanza ionica
C Il glucosio è costituito da molecole apolari
D Il glucosio ha una struttura ciclica come l'esano, dunque, è insolubile in esso
E Il glucosio è costituito da molecole aventi legami dativi come l'esano, da ciò l'insolubilità dell'uno nell'altro

38 **Il legame chimico presente nella molecola HF è:**

A covalente omopolare
B ionico
C covalente polarizzato
D a ponte di idrogeno
E dativo

39 **La formula dell'acido solforico è:**

A HS
B H_2S
C H_2SO_4
D H_2SO_3
E HSO

NONA PROVA

40 **Come si preparano 100 mL di una soluzione acquosa di NaCl (PM = 58) al 4% peso/volume?**

A Si pesano 58 g di NaCl e si aggiunge acqua fino ad arrivare a 100 mL
B Si pesano 58 · 4 g di NaCl e si aggiungono 100 mL di acqua
C Si pesano 4 g di NaCl e si aggiunge acqua fino al volume totale della soluzione di 100 mL
D Si pesa il 4% di 58 g di NaCl e si aggiungono 100 mL di acqua
E Si pesano 34 g di NaCl e si aggiungono 100 mL di acqua

41 **Il carbonio:**

A è un metallo
B può avere numero di valenza 1, 2 e 4
C nei confronti dell'idrogeno non presenta alcuna reattività
D forma unicamente composti organici
E possiede 4 elettroni nel guscio di valenza

42 **In una soluzione a pH = 7 il rapporto tra la concentrazione di H^+ e quella di OH^- è pari a:**

A 0
B 1
C 7
D 10
E 14

43 **Il composto R–CHO è:**

A un alcol
B un acido carbossilico
C un chetone
D una aldeide
E un estere

44 **La combustione totale di una mole di glucosio $C_6H_{12}O_6$ porta alla formazione di:**

A 6 moli di C e 6 moli di H_2O_2
B 6 moli di CO_2 e 6 di H_2O
C 6 moli di CO_2 e 6 di H_2
D 3 moli di C_2H_6 e 3 di O_2
E 6 moli di CH_4 e 3 di O_2

45 **Quando l'idrogeno reagisce con l'ossigeno per formare l'acqua, passa dallo stato di ossidazione 0 a + 1; si dice allora che l'idrogeno:**

A si è ridotto
B ha acquistato elettroni
C si è ossidato
D si è ossidato e contemporaneamente ridotto
E è diventato uno ione

© Alpha Test

46 **Un ossido acido è un composto binario formalmente derivato da:**

A non metallo e ossigeno
B metallo e ossigeno
C non metallo e acqua
D metallo e idrogeno
E non metallo e idrogeno

47 **Il nuclide isotopo dell'idrogeno noto come trizio è costituito da:**

A 3 protoni, 1 elettrone e 1 neutrone
B 1 protone, 1 elettrone e 3 neutroni
C 1 protone, 1 elettrone e 2 neutroni
D 1 protone, 3 elettroni e 1 neutrone
E 3 protoni, 1 elettrone e 3 neutroni

48 **I possibili resti della divisione di un numero per 10 sono:**

A 0, 1, 2, 3, 4, 5, 6, 7, 8, 9
B tutti i numeri naturali maggiori di 10
C tutti i numeri naturali
D tutti i numeri naturali minori di 9
E nessuna delle altre risposte è corretta

49 **La seguente espressione $x^2 + y^2 + 4x + 6y + 4 = 0$ rappresenta una circonferenza il cui raggio è:**

A 4
B 24
C 6
D 3
E 2

50 **L'equazione di secondo grado che ha soluzioni 1 e –3 è:**

A $x^2 - 2x - 3 = 0$
B $x^2 - 2x + 3 = 0$
C $x^2 + 2x + 3 = 0$
D $x^2 + 2x - 3 = 0$
E $x^2 - 3x + 2 = 0$

51 **Individua fra le seguenti affermazioni quella corretta:**

A si chiama moda di una distribuzione statistica il dato che ricorre meno frequentemente
B si dice mediana di una serie di dati posti in ordine crescente il valor medio
C si chiama probabilità di un evento il numero dei casi a esso favorevoli
D se P è la probabilità di un evento, la probabilità del suo evento contrario è P – 1
E due eventi compatibili si dicono indipendenti se il verificarsi dell'uno non influisce sulla probabilità del verificarsi dell'altro

52 **La disequazione $x(x+1) < 0$ è verificata per valori di x:**

A esterni all'intervallo $(-1, 0)$
B interni all'intervallo $(-1, 0)$ estremi inclusi
C interni all'intervallo $(-1, 0)$ estremi esclusi
D negativi
E nessuna delle altre risposte è corretta

53 **Un rettangolo di area 48 cm^2, ha un lato di 6 cm. Stabilire quale delle seguenti affermazioni è falsa.**

A L'altro lato misura 8 cm
B Il perimetro misura 28 cm
C La diagonale misura 10 cm
D Il rettangolo assegnato è un quadrato
E Le due diagonali sono uguali

54 **Quale terna di valori esprime le soluzioni delle seguenti equazioni?**

$$2^x = 32 \qquad x^{10} = 1 \qquad x^6 = 64$$

A 5; 1; 2
B 16; 2; 1
C 8; 2; 1
D 5; 1; 3
E 16; 1; 32

55 **Una certa grandezza fisica z dipende da una lunghezza L, da una velocità v e da un intervallo di tempo t secondo la relazione $z = L^2\, t/v$. In quale tra le seguenti unità di misura potrebbe essere corretto esprimere z?**

A km/h
B $m \cdot s^2$
C kg/m
D m/s^2
E s^3

56 **Ponendo in serie due resistenze da 5 ohm, la resistenza totale:**

A non è possibile rispondere perché non viene indicata la corrente che attraversa le resistenze
B vale 25 ohm
C rimane pari a 5 ohm
D vale 2,5 ohm
E vale 10 ohm

57 **Pur fornendo calore a un gas la sua energia interna rimane costante. Quale trasformazione sta subendo il gas?**

A Espansione adiabatica
B Espansione isoterma
C Espansione isocora
D Compressione isobara
E Compressione adiabatica

© Alpha Test

58 **Quanto vale l'energia potenziale gravitazionale di un corpo di massa 10 kg che si trova a 2 metri di altezza rispetto al suolo?**

- A Circa 20 joule
- B Circa 200 joule
- C Circa 20 watt
- D Circa 2000 cal
- E Circa 2 joule

---

59 **Se si moltiplica una potenza meccanica per un tempo si ottiene una grandezza che ha le dimensioni di:**

- A una forza
- B una pressione
- C una superficie
- D un lavoro
- E una lunghezza

---

60 **Un proiettile viene sparato verso l'alto con un angolo di inclinazione $\alpha \neq 0$ rispetto all'orizzontale. Nel punto più alto della traiettoria l'accelerazione è:**

- A inclinata di un angolo α rispetto all'orizzontale
- B diretta verso il basso
- C diretta verso l'alto
- D inclinata di un angolo $-\alpha$ rispetto all'orizzontale
- E nulla

NONA PROVA

Soluzioni della nona prova

Alpha Test

Risposte esatte della nona prova

Verificare le risposte relative alle domande della nona prova

	A	B	C	D	E		A	B	C	D	E		A	B	C	D	E
1	□	■	□	□	□	21	□	□	□	■	□	41	□	□	□	□	■
2	□	□	□	□	■	22	□	□	□	■	□	42	□	■	□	□	□
3	□	□	□	□	■	23	□	□	□	□	■	43	□	□	□	■	□
4	□	□	□	□	■	24	□	□	■	□	□	44	□	■	□	□	□
5	■	□	□	□	□	25	□	□	□	■	□	45	□	□	■	□	□
6	□	■	□	□	□	26	□	□	■	□	□	46	■	□	□	□	□
7	□	□	■	□	□	27	□	■	□	□	□	47	□	□	■	□	□
8	□	□	■	□	□	28	□	■	□	□	□	48	■	□	□	□	□
9	□	□	□	□	■	29	□	□	■	□	□	49	□	□	□	■	□
10	■	□	□	□	□	30	■	□	□	□	□	50	□	□	□	■	□
11	□	■	□	□	□	31	■	□	□	□	□	51	□	□	□	□	■
12	□	□	□	□	■	32	□	□	□	■	□	52	□	□	■	□	□
13	■	□	□	□	□	33	□	□	□	■	□	53	□	□	□	■	□
14	■	□	□	□	□	34	□	□	□	□	■	54	■	□	□	□	□
15	□	□	□	□	■	35	□	□	□	■	□	55	□	■	□	□	□
16	□	□	□	■	□	36	□	□	□	■	□	56	□	□	□	□	■
17	□	□	□	■	□	37	■	□	□	□	□	57	□	■	□	□	□
18	□	□	■	□	□	38	□	□	■	□	□	58	□	■	□	□	□
19	□	□	□	□	■	39	□	□	■	□	□	59	□	□	□	■	□
20	□	□	■	□	□	40	□	□	■	□	□	60	□	■	□	□	□

NONA PROVA

Simulazioni

DECIMA PROVA

Scheda delle risposte

Alpha Test

Scheda per le risposte della decima prova

Contrassegnare le risposte relative alle domande della decima prova

	A	B	C	D	E		A	B	C	D	E		A	B	C	D	E
1	▢	▢	▢	▢	▢	21	▢	▢	▢	▢	▢	41	▢	▢	▢	▢	▢
2	▢	▢	▢	▢	▢	22	▢	▢	▢	▢	▢	42	▢	▢	▢	▢	▢
3	▢	▢	▢	▢	▢	23	▢	▢	▢	▢	▢	43	▢	▢	▢	▢	▢
4	▢	▢	▢	▢	▢	24	▢	▢	▢	▢	▢	44	▢	▢	▢	▢	▢
5	▢	▢	▢	▢	▢	25	▢	▢	▢	▢	▢	45	▢	▢	▢	▢	▢
6	▢	▢	▢	▢	▢	26	▢	▢	▢	▢	▢	46	▢	▢	▢	▢	▢
7	▢	▢	▢	▢	▢	27	▢	▢	▢	▢	▢	47	▢	▢	▢	▢	▢
8	▢	▢	▢	▢	▢	28	▢	▢	▢	▢	▢	48	▢	▢	▢	▢	▢
9	▢	▢	▢	▢	▢	29	▢	▢	▢	▢	▢	49	▢	▢	▢	▢	▢
10	▢	▢	▢	▢	▢	30	▢	▢	▢	▢	▢	50	▢	▢	▢	▢	▢
11	▢	▢	▢	▢	▢	31	▢	▢	▢	▢	▢	51	▢	▢	▢	▢	▢
12	▢	▢	▢	▢	▢	32	▢	▢	▢	▢	▢	52	▢	▢	▢	▢	▢
13	▢	▢	▢	▢	▢	33	▢	▢	▢	▢	▢	53	▢	▢	▢	▢	▢
14	▢	▢	▢	▢	▢	34	▢	▢	▢	▢	▢	54	▢	▢	▢	▢	▢
15	▢	▢	▢	▢	▢	35	▢	▢	▢	▢	▢	55	▢	▢	▢	▢	▢
16	▢	▢	▢	▢	▢	36	▢	▢	▢	▢	▢	56	▢	▢	▢	▢	▢
17	▢	▢	▢	▢	▢	37	▢	▢	▢	▢	▢	57	▢	▢	▢	▢	▢
18	▢	▢	▢	▢	▢	38	▢	▢	▢	▢	▢	58	▢	▢	▢	▢	▢
19	▢	▢	▢	▢	▢	39	▢	▢	▢	▢	▢	59	▢	▢	▢	▢	▢
20	▢	▢	▢	▢	▢	40	▢	▢	▢	▢	▢	60	▢	▢	▢	▢	▢

© Alpha Test

DECIMA PROVA

Tempo a disposizione: 100 minuti – Tempo consigliato: 90 minuti

Ragionamento logico, competenze di lettura e conoscenze acquisite negli studi

In base alle informazioni contenute nel brano seguente, rispondere alla successiva domanda.

Voglio ora tentare di rispondere al secondo quesito che vi ho posto: quale fondamentale differenza biologica esiste fra gli esseri umani e gli altri animali? Una risposta possibile, che cercherò di giustificare, è la seguente: l'uomo è unico fra gli animali per il valore altissimo che la tradizione ha finito con l'assumere nella sua vita, procurandogli di generazione in generazione la continuità di quelle proprietà a cui deve il proprio equilibrio di efficienza biologica. Tutti sanno che l'uomo è un animale che usa utensili o strumenti. Gli strumenti usati dall'uomo sono di due specie principali: chiamerò gli uni strumenti motori o d'azione: per esempio, martelli, strumenti da taglio, automobili, megafoni, cannoni e altri utensili che aumentano spesso in modo prodigioso il repertorio delle nostre attività motorie; chiamerò accessori sensoriali quelli del secondo gruppo di strumenti: occhiali, apparecchi acustici, apparecchi radio, termometri, apparecchi che portano al di là di limiti mai prima raggiunti le comuni capacità sensoriali – ma non tutti gli strumenti rientrano in queste due categorie: gli abiti per esempio, ne restano esclusi –. L'uomo non è l'unico animale che faccia uso di strumenti; ma gli esempi di animali inferiori che usano strumenti sono così rari che fan spettacolo a sé e se ne parla e discute in lungo e in largo: il picchio Galápagos, una specie di fringuello, usa, per esempio, tenere nel becco una spina per grattar via gli insetti dalla corteccia degli alberi.

1 **Dal brano si deduce che il picchio Galápagos:**

- A è uno dei tanti animali inferiori che usano strumenti
- B è in grado di fabbricarsi da solo la casa
- C ha una caratteristica comune all'uomo
- D ha capacità poco sviluppate ed estremamente comuni
- E nessuna delle altre risposte è corretta

2 **In quale capitale europea fu siglato nel 1957 il Trattato che segnò la nascita della Comunità Economica Europea?**

- A Amsterdam
- B Bruxelles
- C Atene
- D Roma
- E Parigi

3 Quale dei seguenti elementi è assunto dallo scrittore Alberto Moravia a simboleggiare il degrado della borghesia italiana novecentesca?

A Amore

B Sesso

C Viltà

D Comunicazione

E Denaro

4 Con quale altro nome è noto il *Monumento nazionale a Vittorio Emanuele* II o *Altare della Patria*?

A Vittoriano

B Palazzo Reale

C Pantheon

D Vittoriale

E Palazzo della Ragione

5 Il piastrellista Angelino pavimenta una stanza con X piastrelle rettangolari di dimensioni 4×7 cm, il cui costo unitario è 2 euro. Il piastrellista Aureliano pavimenta una stanza della stessa dimensione ma usando piastrelle da $6{,}5 \times 7{,}5$ cm, dal costo unitario di 2,1 euro. Quale rivestimento è costato di meno?

A Quello utilizzato dal piastrellista Angelino

B Quello utilizzato dal piastrellista Aureliano

C Quello utilizzato dal piastrellista Aureliano, che è costato meno della metà dell'altro

D Quello utilizzato dal piastrellista Angelino, che è costato meno della metà dell'altro

E Non è possibile determinarlo senza conoscere la superficie delle due stanze

6 A quanto ammonta l'incremento percentuale del prezzo di un deodorante da uomo che passa da 5 euro al flacone a 72 euro la dozzina di flaconi?

A 20%

B 10%

C 5%

D 15%

E 25%

7 Due innamorati si corrono incontro su una spiaggia. Il ragazzo con una falcata percorre 2 metri e compie 40 falcate al minuto, la ragazza con una falcata percorre un metro e mezzo e compie 30 falcate al minuto. Se la spiaggia è lunga 1 km e i due ragazzi partono dalle estremità opposte, dopo quanto tempo si potranno finalmente abbracciare?

A Un quarto d'ora

B 10 minuti

C 400 secondi

D 15 minuti

E 8 minuti

 © Alpha Test

8 **Individuare il numero mancante:**

18, 25, 32, 39, 46, ?

A 49
B 52
C 53
D 56
E 57

9 **Quali tra i termini proposti completano correttamente la seguente proporzione verbale?**

Cavallo : X = gallo : Y

A X = zampe; Y = zoccoli
B X = callo; Y = giallo
C X = bargiglio; Y = criniera
D X = puledro; Y = pulcino
E X = equino; Y = onnivoro

8 Individua il numero mancante.

18, 19, 38, 39, [illegible], 46, ?

[illegible]

9 Quali dei seguenti gruppi [illegible] completano correttamente la seguente proporzione verbale?

cavallo : X = gallo : Y

[illegible]

Biologia, chimica, matematica e fisica

---

10 Quale delle seguenti sostanze è un ormone?

- A Acetilcolina
- B Metadone
- C Paracetamolo
- D Glucagone
- E Albumina

---

11 Nella fermentazione lattica la trasformazione di acido piruvico in acido lattico ha lo scopo di:

- A produrre anidride carbonica
- B produrre ATP
- C produrre ADP
- D produrre alcol etilico
- E riossidare il NADH

---

12 Le cellule delle ossa e quelle di un muscolo sono diverse tra loro perché:

- A nei due tipi di cellule vengono attivati differenti gruppi di geni
- B ciascun tipo di cellule contiene un diverso numero di geni
- C ciascuna tipo di cellule ha un diverso tipo di geni
- D ciascun tipo di cellule ha un diverso numero di cromosomi
- E le cellule delle ossa sono morte quindi hanno perso i cromosomi

---

13 Il sesso è determinato al momento della:

- A 3ª settimana di gravidanza
- B 8ª settimana di gravidanza
- C nascita
- D fecondazione
- E ovulazione

---

14 È possibile che una mutazione per sostituzione di un solo nucleotide in un gene batterico non modifichi affatto la struttura primaria della proteina codificata da quel gene?

- A Sì, se la mutazione provoca uno slittamento della cornice di lettura
- B No
- C Sì, se la mutazione ha interessato un introne
- D Sì, dal momento che il numero di codoni che codificano per i 20 amminoacidi è maggiore di 20
- E Sì, soltanto se si verifica una mutazione contraria

---

15 L'immissione di aria nei polmoni è detta:

- A inspirazione
- B espirazione
- C respirazione
- D respirazione cellulare
- E traspirazione

DECIMA PROVA

16 Scegli tra i termini riportati quello che meglio risponde alla definizione di tossicità:

A caratteristica di una sostanza particolarmente amara

B percentuale delle sostanze nocive presenti in un farmaco

C effetto nocivo indotto da una sostanza sull'organismo esposto

D sostanza che provoca la tosse nei soggetti sensibili

E mancanza di criteri per la scelta di farmaci adeguati a una terapia

17 Due muscoli sono detti antagonisti perché:

A agiscono contemporaneamente

B mentre uno è in contrazione l'altro è rilassato, e viceversa, e inoltre fanno muovere lo stesso segmento osseo in direzioni opposte

C uno si contrae sempre e l'altro si rilassa sempre

D producono il movimento in ossa differenti

E nessuna delle affermazioni proposte è corretta

18 Durante la fase mitotica del ciclo cellulare, quando ha inizio la citodieresi?

A Nella metafase

B Durante la telofase

C All'inizio dell'anafase

D Contemporaneamente alla profase

E Durante l'interfase

19 Una mutazione missenso consiste nel fatto che:

A è stato introdotto un segnale di stop nella regione codificante

B è stato introdotto un amminoacido non compreso tra quelli normalmente presenti nelle proteine

C il codone mutato codifica per lo stesso amminoacido

D il codone mutato codifica per un amminoacido differente

E il codone mutato codifica per un codone di stop

20 Individua l'unica affermazione NON corretta. Nell'apparato circolatorio dell'uomo le arterie ...

A possono trasportare sangue non ossigenato

B sono circondate da tessuto muscolare liscio

C sono circondate da tessuto connettivo

D possiedono fibre di elastina

E presentano valvole a nido di rondine

21 Il saccarosio è:

A un disaccaride formato da glucosio e ribosio

B un disaccaride formato da glucosio e fruttosio

C un polisaccaride del glucosio

D un polisaccaride del glucosio e del galattosio

E un isomero del glucosio

© Alpha Test

22 **Gli organismi marini, sia animali che vegetali, che vivono sospesi nell'acqua, costituiscono:**

A il plancton
B il benthos
C il necton
D il volvo
E il sospeso

23 **Nel doping sportivo si fa un largo uso di ormoni androgeni steroidei perché:**

A stimolano la produzione di globuli rossi dal midollo osseo
B hanno un effetto anabolizzante sui muscoli
C migliorano l'utilizzo degli acidi grassi da parte del cuore
D migliorano la concentrazione psicologica dell'atleta
E abbassano l'ematocrito

24 **Un virus è un organismo:**

A capace di moltiplicarsi solo utilizzando le strutture della cellula che infetta
B unicellulare
C con una organizzazione genetica non definita
D capace di replicazione autonoma
E capace di infettare solo le cellule eucariotiche

25 **Il fenomeno dell'eutrofizzazione si può manifestare quando nell'acqua sono presenti:**

A basse concentrazioni di anidride carbonica
B elevate concentrazioni di metalli pesanti
C elevate concentrazioni di DDT
D basse concentrazioni di fosforo
E eccessive quantità di sostanze nutritive

26 **I flagelli batterici:**

A sono costituiti da microtubuli
B sono importanti per la riproduzione batterica
C servono per allontanare i virus batterici
D hanno una struttura diversa da quella dei flagelli eucariotici
E sono importanti per l'assunzione di cibo

27 **Gli scambi gassosi a livello degli alveoli polmonari riguardano:**

A esclusivamente l'ossigeno
B ossigeno, anidride carbonica e sostanze volatili
C esclusivamente l'anidride carbonica
D il vapor d'acqua
E il pulviscolo atmosferico

28 **Quale tra le seguenti affermazioni riguardanti l'RNA è FALSA?**

A L'RNA ribosomiale è presente solo negli eucarioti
B L'RNA messaggero è l'unico ad essere tradotto
C L'uracile è presente nell'RNA ma non nel DNA
D L'rRNA viene sintetizzato nel nucleolo
E L'RNA transfer possiede una tripletta di nucleotidi chiamata anticodone

29 Il cuore viene irrorato:

- A dall'aorta toracica
- B dall'aorta
- C dalle carotidi comuni
- D dalla giugulare
- E dalle coronarie

30 Quale dei seguenti fenomeni è permesso dal crossing-over?

- A Segregazione
- B Traslocazione
- C Linkage
- D Variabilità genetica dei gameti
- E Formazione dei gameti

31 Il capside è

- A presente solo nelle cellule eucariotiche
- B l'involucro dei virus
- C la parte proteica della membrana citoplasmatica delle cellule eucariotiche
- D la parte proteica della membrana nucleare
- E l'involucro dei batteri

32 Nelle piante terrestri le cellule della radice non contengono

- A mitocondri
- B cloroplasti
- C membrana cellulare
- D vacuolo
- E nucleo

33 Il nitrito ferrico si ottiene dalla reazione tra:

- A acido nitrico + idrossido ferroso
- B acido nitroso + idrossido ferrico
- C acido nitrico + idrossido ferrico
- D acido nitroso + idrossido ferroso
- E acido nitroso + ossido ferroso

34 Individuare il solvente polare:

- A benzene
- B etano
- C C_6H_6
- D H_2O
- E cloroformio

35 Quanti grammi di un soluto al 9% sono sciolti in 500 mL di soluzione?

- A 45 g
- B 9 g
- C 0,9 g
- D 450 g
- E 4,5 g

 © Alpha Test

36 L'energia necessaria per trasformare il potassio, K, in K^+ corrisponde:

A all'energia di legame
B al potenziale di seconda ionizzazione
C all'affinità elettronica
D a un numero di kcal pari al numero di elettroni
E al potenziale di prima ionizzazione

37 Una delle seguenti associazioni è ERRATA. Quale?

A Li = Litio
B Cs = Cesio
C Mn = Manganese
D B = Bromo
E Hg = mercurio

38 Una soluzione che ha pH = 3 è da considerarsi:

A debolmente acida
B neutra
C acida
D basica
E debolmente basica

39 Quale di questi composti è un alogenuro alchilico?

A CH_3CH_2OH
B CH_3Cl
C CH_3COOH
D CH_3OCH_3
E CH_4

40 Indicare, tra i seguenti composti, quello che non forma legami a ponte di idrogeno con l'acqua.

A NH_3
B HF
C CH_4
D CH_3OH
E CH_3COOH

41 Se si aumenta di 1000 volte la concentrazione degli ioni H^+ in una soluzione con pH iniziale di 8, quale pH finale si ottiene?

A 5
B 10
C 4
D 7
E 11

DECIMA PROVA

42 Quante moli di CO_2 si formano dalla combustione completa di 3 moli di CH_4?

A 1 mole
B 2 moli
C 3 moli
D Nessuna perché il metano non brucia
E $6{,}02 \cdot 10^{23}$ moli

43 Una semireazione di riduzione è sempre caratterizzata da:

A perdita di elettroni
B diminuzione degli atomi di ossigeno
C acquisto di atomi di idrogeno
D perdita di protoni
E diminuzione del numero di ossidazione dell'elemento che si riduce

44 Quale tra i seguenti legami si riscontra nella molecola HI?

A Di coordinazione
B Ionico
C Covalente non polare
D Covalente dativo
E Covalente polare

45 Quale dei seguenti sistemi è omogeneo?

A Sospensione
B Lega metallica
C Emulsione
D Soluzione con corpo di fondo
E Nebbia

46 Quale delle seguenti alternative, riguardanti il prodotto ionico dell'acqua, è corretta?

A $K_w = [H^+] \cdot [OH^-] = 10^7$ a 25 °C
B $K_w = [H^+] \cdot [OH^-] = 10^{14}$ a 25 °C
C $K_w = [H^+] \cdot [OH^-] = 10^{-7}$ a 25 °C
D $K_w = [H^+] \cdot [OH^-] \cdot [H_2O] = 10^{-18}$ a 25 °C
E $K_w = [H^+] \cdot [OH^-] = 10^{-14}$ a 25 °C

47 La costante K_c di una reazione all'equilibrio:

A varia solo modificando il volume del sistema
B in quanto costante non varia mai
C varia solo modificando la temperatura del sistema
D varia solo modificando il numero di moli
E varia solo modificando la pressione totale del sistema

48 Sia $x = 303^2 - 297^2$. Allora:

A $x \leq 10$
B $10 < x \leq 100$
C $100 < x \leq 1000$
D $1000 < x \leq 5000$
E $x > 5000$

© Alpha Test

49 **Elevando al quadrato i due membri di una equazione si ottiene una equazione che:**

A ha le stesse soluzioni di quella iniziale
B può avere meno soluzioni di quella iniziale
C può avere più soluzioni di quella iniziale
D non ha alcuna soluzione
E ha un numero di soluzioni doppio rispetto a quella iniziale

50 **In un contenitore vi sono 500 palline bianche, 500 palline nere e 500 palline rosse. Qual è il numero minimo di palline che è necessario estrarre dal contenitore per essere certi di averne almeno tre nere?**

A 1003
B 3^k, con k = numero delle estrazioni effettuate
C 503
D 7
E Dipende dal colore della prima pallina estratta

51 **Nel triangolo isoscele ABC la mediana AM misura 3 cm e la tangente dell'angolo ACB è 0,5. Qual è la misura, in centimetri, della base BC?**

A 1/2
B 6
C 12
D 5
E 4

52 **Quali sono le soluzioni reali della disequazione $|x + 1| < |x - 3|$?**

A $x < 1$
B $x < 4$
C $x < -4$
D La disequazione non ammette soluzioni reali
E La disequazione è soddisfatta da ogni valore real e di x

53 **Trovare l'equazione della retta passante per i punti (–1; 3) e (4; –2).**

A $y = x + 4$
B $y = -\frac{2}{3}x + \frac{7}{3}$
C $y = \frac{x}{2} + \frac{7}{2}$
D $y = x - 2$
E $y = -x + 2$

54 **In un triangolo rettangolo ABC, rettangolo in A, i lati BC e AC misurano rispettivamente 10 cm e 6 cm. Quanto vale il rapporto tra l'area del quadrato costruito sull'ipotenusa e la somma delle aree dei semicerchi aventi come diametri i cateti?**

A 1
B $\pi/2$
C $8/\pi$
D $100/17\pi$
E $200/17\pi$

55 **Data una carica elettrica puntiforme, è sempre possibile definire in un punto qualunque dello spazio circostante:**

A il campo elettrico di dipolo
B il campo elettrico
C la forza agente su una carica imprecisata
D il lavoro per trasportare una carica imprecisata
E nessuna delle precedenti risposte è esatta

56 **Su di un corpo di massa *m* che percorre una traiettoria rettilinea di lunghezza *s* agisce una forza costante *F* che forma un angolo α con la traiettoria stessa. Il lavoro *L* vale:**

A $L = F \cdot s \cdot \text{sen}\,\alpha$
B $L = m \cdot F \cdot s \cdot \cos\alpha$
C $L = m \cdot F \cdot s$
D $L = F \cdot s \cdot \text{tg}\,\alpha$
E $L = F \cdot s \cdot \cos\alpha$

57 **Le vecchie auto senza servosterzo avevano i volanti "duri", difficile da girare. Per ovviare a questo inconveniente si cercava di realizzare volanti grandi (con grande raggio). Quale delle seguenti motivazioni è corretta?**

A Il volante si impugna meglio permettendo una presa migliore
B La maggiore forza peso del volante aiuta la rotazione dello stesso
C La maggiore distanza dell'impugnatura dal centro permette di avere un momento della forza maggiore
D La maggiore distanza dell'impugnatura dal centro permette di avere un momento della forza minore
E La maggiore distanza dell'impugnatura dal centro è ininfluente, dipende tutto dalla forza applicata

58 **Sommando o sottraendo due vettori a e b si ottengono due vettori risultanti aventi lo stesso modulo. Quante delle seguenti affermazioni sono corrette?**

- **a e b sono paralleli**
- **Il prodotto vettoriale tra a e b è nullo**
- **Il prodotto scalare tra a e b è nullo**
- **Il prodotto vettoriale tra a e b è massimo**
- **a e b sono uguali e opposti**

A Una
B Due
C Tre
D Tutte
E Nessuna

59 **Una lamina quadrata di ottone ha un foro in prossimità di un angolo. Aumentando la temperatura della lamina, cosa succede al foro?**

A Si allarga
B Si restringe
C Prima si restringe e in seguito si allarga
D Nulla
E Dipende dalle dimensioni della lamina e del foro

© Alpha Test

60 **Due oggetti di rame si trovano a differenti temperature e il primo ha una massa pari al doppio di quella del secondo. Posti in contatto termico, quale dei due oggetti subirà una maggiore variazione di temperatura?**

A Quello con massa maggiore
B Quello con massa minore
C Quello con temperatura iniziale maggiore
D Quello con temperatura iniziale minore
E Dipende dalla forma dei due oggetti

DECIMA PROVA

Soluzioni della decima prova

Alpha Test — **Risposte esatte della decima prova**

Verificare le risposte relative alle domande della decima prova

	A	B	C	D	E		A	B	C	D	E		A	B	C	D	E
1	□	□	■	□	□	21	□	■	□	□	□	41	■	□	□	□	□
2	□	□	□	■	□	22	■	□	□	□	□	42	□	□	■	□	□
3	□	■	□	□	□	23	□	■	□	□	□	43	□	□	□	□	■
4	■	□	□	□	□	24	■	□	□	□	□	44	□	□	□	□	■
5	□	■	□	□	□	25	□	□	□	□	■	45	□	■	□	□	□
6	■	□	□	□	□	26	□	□	□	■	□	46	□	□	□	□	■
7	□	□	□	□	■	27	□	■	□	□	□	47	□	□	■	□	□
8	□	□	■	□	□	28	■	□	□	□	□	48	□	□	□	■	□
9	□	□	□	■	□	29	□	□	□	□	■	49	□	□	■	□	□
10	□	□	□	■	□	30	□	□	□	■	□	50	■	□	□	□	□
11	□	□	□	□	■	31	□	■	□	□	□	51	□	□	■	□	□
12	■	□	□	□	□	32	□	■	□	□	□	52	■	□	□	□	□
13	□	□	□	■	□	33	□	■	□	□	□	53	□	□	□	□	■
14	□	□	□	■	□	34	□	□	□	■	□	54	□	□	■	□	□
15	■	□	□	□	□	35	■	□	□	□	□	55	□	■	□	□	□
16	□	□	■	□	□	36	□	□	□	□	■	56	□	□	□	□	■
17	□	■	□	□	□	37	□	□	□	■	□	57	□	□	■	□	□
18	□	■	□	□	□	38	□	□	■	□	□	58	□	■	□	□	□
19	□	□	□	■	□	39	□	■	□	□	□	59	■	□	□	□	□
20	□	□	□	□	■	40	□	□	■	□	□	60	□	■	□	□	□

DECIMA PROVA